Massimo Pisani

Smettila di farti MANIPOLARE!

Riconosci e Liberati dai Condizionamenti

I0449364

Ricercare, individuare e riconoscere i propri complessi condizionanti al fine di renderli inattivi.

Smettila di farti
MANIPOLARE!

Testi e Design Copertina: **Simonetta Corrado** (Copywriter)

Disegni e immagini: **Raffaele Coletta** e **Massimo Pisani**

PACommunication Brindisi

"Accademia di Comunicazione"
Via Benedetto Marzolla, 23
Brindisi, Italia, 72100

http://maxpisani.it

Contatti: info@maxpisani.it

Tel: 3313688666

Indice

Dedica   **5**

Autore e Opera   **7**

Premessa   **9**

PARTE PRIMA - Teoria

-Capitolo 1 – Genesi della frustrazione
Differenza fra Esigenza e Appagamento   **13**

-Capitolo 1.1 – Simpatie e Antipatie
Una questione di Emozioni   **17**

-Capitolo 1.2 – Il Condizionamento
I ricatti Manipolatori e Ipnotici   **21**

-Capitolo 1.3 – Il Ricatto
I peccati dei genitori ricadranno sui figli   **25**

-Capitolo 1.4 – Sei Essere o Avere?
Desiderio e Possesso, qual è il tuo limite?   **31**

-Capitolo 1.5 – La Trasgressione
Regole e Violazioni, Lucignolo e il Grillo nella tua testa   **39**

-Capitolo 1.6 – Il Genitore Cattivo
Il rapporto con lui ti condiziona ancora?   **49**

-Capitolo 1.7 – Il Simbolo Predominante
Cerchio, Asta o Triangolo?   **57**

Indice

PARTE SECONDA – Sperimenta

-**Capitolo 1** – *Chi è il tuo inconscio o intelligenza emotiva*   **65**

-**Capitolo 1.1** – *Sensibilizza il tuo inconscio*   **71**

-**Capitolo 1.2** – *Parti dal tuo nome e chiedi ciò che vuoi*   **77**

-**Capitolo 1.3** – *Scopri la tua conflittualità Genitoriale*   **79**

-**Capitolo 1.4** – *Sei Essere o Avere?*   **85**

-**Capitolo 1.5** – *Dove risulti distonicamente difettoso?*   **89**

-**Capitolo 1.6** – Il Grillo e Lucignolo – *Chi promuovere?*   **91**

-**Capitolo 1.7** – 4 punti distonici – *Dove migliorare?*   **99**

CONCLUSIONI   **107**

RINGRAZIAMENTI   **109**

BIBLIOGRAFIA   **110**

DEDICA

"A mio figlio, Giulio Corrado, con il quale ho sperimentato, inconsapevolmente, la frustrazione dei miei complessi. Possa tu crescere libero di perseguire i tuoi sogni, in piena libertà e in pace con la tua coscienza.
Alla mia adorata Rossella, compagna preziosa e madre paziente."

Autore e Opera

Massimo Pisani: *"Smettila di farti MANIPOLARE!"*

Massimo Pisani, nasce a Brindisi il 16 aprile 1972. Laureato in Scienze Infermieristiche con Master in Bioetica, è operatore Olistico delle Discipline Analogiche Benemegliane con il titolo professionale di Analogista docente e formatore di: Ipnosi Dinamica, Filosofia Analogica e Fisioanalogia, Comunicazione non Verbale, Linguaggio del Corpo e dei Gesti. E' Coach , Motivatore nonché ricercatore ed esperto dei Linguaggi Emotivi. Viene definito "Analista del Successo" e collabora con numerose riviste sul web in qualità di Love Coach. Nel 2008 ritorna nella sua città natale dove fonda la PACommunication "Accademia di Comunicazione", organizzando seminari e corsi gratuiti per divulgare la Disciplina che insegna.

Questo è un libro, un manuale teorico e pratico concepito per il Dovere di accontentare le esigenze dei discenti dei corsi, oltre al Piacere di perseguire il mio Sogno. Il lettore apprenderà una tecnica che gli permetterà di Individuare ed Eliminare i propri complessi (*ricatti e vincoli*), potenti strumenti di Manipolazione Ipnotica che gli altri utilizzano nei suoi confronti. Comprendere altresì la sottile linea fra le Regole da seguire e/o da Trasgredire risulta più che mai l'ancora di salvezza nelle situazioni di frustrazione in ambito: Familiare, Sentimentale, Sessuale e Autorealizzativo. Finalmente, grazie all'Ipnosi Dinamica, apprenderai una tecnica in grado di ottenere risposte chiare, precise e non condizionate da parte della tua Intelligenza Emotiva, il tuo massimo interlocutore…l'Inconscio.

Se Freud ne ha scoperto l'esistenza e altri ne hanno compreso il suo Linguaggio, questo libro vi insegnerà a dialogare col vostro Inconscio.

Premessa

La presente opera è frutto di studi e ricerche dell'autore, in maniera diretta, indiretta ed esperienziale nei confronti di sé stesso e dei suoi discenti in qualità di Analogista.

Ho voluto racchiudere in queste pagine un metodo, una tecnica, in grado di soddisfare le richieste di chi, da anni, mi ha presentato la necessità di avere un valido ausilio-guida da utilizzare al fine di comprendere meglio il dialogo con sé stessi, atto alla risoluzione dei propri conflitti con l'obiettivo di potenziare le proprie risorse.

Ciò che leggerete e proverete su voi stessi e altri, capitolo dopo capitolo, vi dimostrerà inequivocabilmente che è finalmente possibile trarre da sé stessi le giuste risposte ai tanti interrogativi e dubbi che non riuscireste a dipanare in altro modo.

Suddiviso in parte teorica e pratica, questo libro vi darà immediatamente la percezione che tanto quanto vi apparterrà, in termini di *"vizio comportamentale"*, tanto sarà di immediata risoluzione poiché valuterete, sin da subito, la facilità con la quale verrete indirizzati alla soluzione del vostro *"problema"*.

Ai fini di una efficace comprensione di ciò che leggerete, mi permetto di suggerire di evitare di soffermarsi sin da subito a comprendere quei termini o parole non familiari. Leggetelo come fosse un romanzo e scoprirete che, più avanti, tutto risulterà più chiaro.

E' doveroso rilevare che non risultano controindicazioni allo svolgimento di questa tecnica-metodo in quanto è basata esclusivamente ad un dialogo con la propria sfera intima, inconscia, emotiva; istanza che produce continuamente segnali non verbali che risultano sconosciuti ai tanti ma, che qui, verranno svelati nella loro massima espressione.

Caro lettore, essere in grado di comprendere il modo in cui la manipolazione agisce sfruttando i condizionamenti personali di ognuno, vi porrà in una dimensione privilegiata nei confronti di chi è ancora convinto di sviluppare le proprie scelte di vita in maniera autonoma, con consapevolezza e responsabilità.

Alla fine, così come in "Matrix", sceglierai se prendere l'una o l'altra pillola: "*Pillola azzurra - fine della storia, domani ti sveglierai in camera tua e crederai a quello che vorrai. Pillola rossa - resti nel paese delle meraviglie e vedrai quanto è profonda la tana del bianconiglio*". Invece qui, a prescindere dalla scelta, ti troverai consapevole della decisione ma libero dai condizionamenti che, sino ad oggi, ti hanno forse pilotato verso l'insoddisfazione e la frustrazione come fossi un burattino nelle mani degli altri.

Questa si configura come una sfida alla cultura logica e illuministica, che ha relegato l'individuo a doversi dichiarare "*malato*" per giustificare il proprio stato di infelicità che, sin dalla nascita, lo ha reso inabile a procurarsi la dignità che gli spetta di diritto. Questo lo ha obbligato a demandare ad altri ciò che da solo riuscirebbe a fare meglio di chiunque altro, vivere, essere felice: "***perseguendo i propri sogni in piena libertà e in pace con la coscienza***" (S.Benemeglio).

Una scelta, la mia, di iniziare questo lungo viaggio alla scoperta di sé, partendo dalle basi solide che ogni individuo eredita alla nascita.

I primi vincoli/complessi/ricatti manipolatori che i genitori, sperando di motivare, hanno utilizzato come sprone per obbligare i loro figli a comportarsi in un certo modo, sia nei confronti dei genitori stessi sia nei confronti degli altri.

Un viaggio alla ricerca di quelle regole che abbiamo accettato per evitare di deludere e mortificare persone care. Regole che oggi sarebbe il caso di relegare in cantina poiché risultate deleterie per la nostra felicità.

Quando come e perché è iniziato tutto ciò e per quale motivo è necessario trasgredire quelle regole?

Sarà un po' come togliersi di dosso quel fardello composto da maschere e corazze, scudi e sciabole impiegate per difendersi e per attaccare con l'intento di demolire quei muri fatti di "*meccanismi di difesa e di attacco*" costruiti nel tempo in seguito ad eventi che hai dovuto gestire. *Non come volevi o avresti dovuto ma come gli altri ti hanno portato a fare con il tuo inconsapevole permesso.*

Quel bieco egoismo che porta all'insana propensione dell'esclusiva dei rapporti interpersonali. Una cieca caratteristica individuale che sposta il soggetto dall'individualismo al divenire unico per qualcuno, o qualcosa, ma non per sé stesso.

Una deformazione dell'atavica caratteristica di dimostrare agli altri, più che a sé stessi, di meritare la corona di leader e di capo branco.

I tempi sono cambiati e tutto attorno è differente, ma le esigenze primordiali?

Le esigenze primordiali rimangono le stesse ma cozzano con i tempi e le esigenze di oggi.

Individui frustrati e mascherati di ovvietà e pregiudizi che si spingono alla ricerca di ideali che non gli appartengono.

Effimere opportunità che trascinano la maggior parte degli individui verso la catalessi mentale.

Sogni e obiettivi che trasportano la mente e il corpo lontano dall'essenza della vita che richiede felicità e amore incondizionato.

Paura che diviene amore e amore che lascia spazio al vuoto che muta in: odio, rammarico, rabbia, rancore, risentimento e vendetta.

Qui siamo arrivati e da qui dobbiamo ripartire per evitare di perderci in strade senza uscita e senza luce.

Perciò mi arrogo la responsabilità di indicare la lettura a chiunque intenda vivere la propria vita con **sano** egoismo, rispettando gli altri e mettendo al primo posto sé stesso, in questo preciso istante, poiché stanco di vivere con la speranza che qualcosa cambi lo stato delle cose.

Penso a persone esauste, frustrate, tradite o abbandonate: seduttrici fameliche e irriducibili seduttori, single incapaci di relazionarsi, genitori che non riescono a gestire i figli, figli che disconoscono i propri genitori, o semplicemente per chi è desideroso di conoscere al meglio sé stesso e di conseguenza gli altri.

Anni di esperienza sul campo della motivazione mi hanno permesso di accertare che ciò che illustrerò ha funzionato su di me, non ha effetti collaterali, non ha alternative paragonabili né in termini di velocità né in termini di percentuali di risoluzione dei casi trattati.

Per mera onestà intellettuale anticipo al lettore che alla fine di questo percorso, tanto quanto si sentirà cambiato tanto percepirà il distacco da parte di chi, sino a oggi, si è rivelato artefice, carnefice o concausa del suo disagio.

Ti criticheranno e magari non ti riconosceranno ma sarai tu a scegliere e decidere.

Ciò che scrivo permette di riappropriarsi di quell'intuito atto al discernimento fra ciò che è necessario e ciò che non lo è al fine del raggiungimento della tanta agognata felicità.

Si apprenderà, infine, l'abilità innata dell'abbandonare il tossico emozionale per garantirsi il necessario nutrimento energetico-emozionale. Abbandonerete le pulsioni effimere e godrete di orgasmi mentali.

Imparerete a gestire le frustrazioni con l'ausilio di una tecnica *"fai da te"*: veloce, sana ed economica più difficile da spiegare che da realizzare.

"Provare per credere, io ciò che dico lo dimostro...sempre".

Buona lettura.

Massimo Pisani

PARTE PRIMA
TEORIA

CAPITOLO 1
GENESI DELLA FRUSTRAZIONE
Differenza fra Esigenza e Appagamento

Immaginate per alcuni istanti di trovarvi nel grembo materno, luogo nel quale è garantito il nutrimento necessario, la temperatura perfetta, la compagnia del battito del cuore della vostra mamma.

Fino a questo momento è molto probabile che le vostre **Esigenze** siano rispettate e grandemente **Appagate** perciò è altresì probabile che non avvertiate **Frustrazione**.

Tutto questo avverrà per tanti e tanti giorni fino a che, un bel giorno, venite catapultati all'esterno di quel mondo.

Riuscite ad immaginare il freddo, il primo respiro, le voci, il frastuono, le luci? Tutto nuovo e probabilmente molto emozionante. Ma poi:

1. **Ipotesi Appagante**: *finalmente vi trovate dopo qualche giorno, se siete stati "fortunati", nuovamente a contatto con la vostra mamma che vi nutre direttamente col suo latte finchè sazi e stanchi, vi abbandonate al sonno. Di nuovo svegli, la mamma e sempre lì riportandovi al seno per ricominciare la danza. Il papà si alterna con mamma fra un cambio di pannolino e l'altro o un caldo e sporadico bagnetto. Tutto questo per lunghi mesi, ma solo se siete stati "fortunati".*

Fino a prova contraria possiamo stabilire che sino a quel momento, tanto quanto tutto ciò fu posto in essere dai genitori, tanto ha garantito il rispetto delle **Esigenze** primarie, contrariamente ha generato delle frustrazioni.

Perciò se a te piccola creatura, vennero a mancare parte di questi accorgimenti come spesso accade per cause di forza maggiore, possiamo prevedere che è molto probabile la seconda alternativa, quella frustrante:

13

2. **Ipotesi Frustrante**: *a te, piccolo, ti è stato garantito uno o più pasti caldi artificiali (anzi scaldati) serviti al biberon, un giaciglio comodo con relativo "ciucciotto", un pupazzo e carillon di compagnia, il tutto monitorato da interfono. Hai ricevuto un bagnetto al giorno con temperatura e clima ideale, i nonni o/e la tata pronti ad accorrere ad ogni tuo richiamo. Tutto questo mentre la tua mamma e il tuo papà erano fuori a produrre reddito.*

In questo secondo caso possiamo affermare che quel piccolo sicuramente ha ricevuto qualcosa. Qualcosa però che probabilmente non ha richiesto o che non si aspettava di ricevere. Suo malgrado gli sarà mancato ciò del quale aveva realmente bisogno in maniera naturale.

Probabilmente corro il rischio di risultare accusatorio sin da subito nei confronti di quei genitori che hanno dovuto delegare ad altri (*e altro*) l'appagamento delle esigenze della loro creatura, spesso per cause di forza maggiore, ma vedrete che non è mia intenzione, anzi!

Già nei primi mesi alcune esigenze di base quali: nutrimento, pulizia, calore, coccole, voce dei genitori, nanna, divertimento, attenzioni, risultano già frustranti, in IPO (*poco*) o IPER/SUPER (*troppo*) appagamento.

Più in la con gli anni andrà ricercando ciò che gli è mancato e, al contrario, rifiuterà ciò che ha ricevuto quando non richiesto.

Quel cucciolo (*che risiede ancora oggi dentro di noi*) già nei primi mesi di vita e nei primi anni che seguiranno andrà alla ricerca del motivo, o causa, che non gli ha permesso di ottenere ciò che desiderava e che gli spettava di diritto.

Sin da subito, intimamente, individuerà il genitore "*cattivo/conflittuale*" che diverrà parametro di riferimento in base al proprio sesso d'appartenenza:

"ciò che hai giudicato e criticato negativamente al genitore del medesimo sesso, temerai per tutta la vita di avere gli stessi difetti e vizi comportamentali di quel genitore.

Ciò che hai giudicato e criticato negativamente al genitore del sesso opposto al tuo, temerai di agganciarti a partner aventi gli stessi difetti e vizi comportamentali di quel genitore" (**Stefano Benemeglio**).

Sino a questo punto possiamo estrapolare due dati importanti al fine di comprendere il motivo che induce a scegliere il modo in cui si reagisce o meno agli stimoli:

1. In base all'appagamento o meno delle esigenze si formerà l'aggancio nel **Desiderare** o nel **Possedere**. Attratti da ciò che si cercava ma che è stato negato (*o risultato carente*) e repulsione per ciò che non si cercava ma ricevuto troppo.
2. In base al genitore individuato a suo tempo come *"cattivo"* vi sarà emulazione o meno, evitando o agganciandosi (*attratti*) a individui che hanno caratteristiche di quel genitore.

"...le carezze non sono un di più. Un neonato toccato solo per essere pulito e nutrito e rimesso poi subito nel suo lettino, muore. La tragedia del marasma, *la pseudo malattia che portava a morte i bimbi piccoli negli orfanotrofi, era dovuta solo al fatto che questi bambini non erano sufficientemente o affatto, toccati, palpati, tenuti in braccio, avvolti e fisicamente coccolati. Riporto queste righe, perché troppi genitori, tutt'oggi, non sanno che è vitale abbracciare e baciare i figli per molti anni..."* (Dr.Lucio Della Seta - *Debellare il senso di colpa*).

Spesso i neo genitori vengono fuorviati dalle credenze popolari, oramai anacronistiche, frutto del passaparola generazionale. Raramente troviamo genitori che si documentano, studiano e approfondiscono le conoscenze in vista della nascita del figlio. Tutto appare standardizzato ai fini della velocità e comodità dei genitori.

Dall'attaccamento nei suoi confronti si va incontro alla falsa credenza che lo stiamo viziando. L'ipotesi *Appagante,* che riportavo in precedenza, viene proposta da numerose pubblicazioni. Da tanti anni la *"Leche League International"* assiste gratuitamente quelle Mamme che intendano allattare e che incontrano difficoltà. Promuovono altresì con riviste, libri, incontri e linea diretta telefonica con consulenti certificati, un approccio di *"contatto"* per la crescita dei figli. Il figlio *"ne ricava: autostima, intimità, capacità di dare e autostima oltre a divenire un vantaggio a lungo termine per i genitori ed il figlio stesso"* (Genitori di giorno e...di notte - William Sears, M.D. ed. Leche League Internation.). Persino il *"periodo"* di allattamento è suggerito: *oltre che a "richiesta" del bambino anche sin dopo lo "svezzamento" e oltre i tre anni di età* (Allatti ancora? – Norma Jane Bumgarner, ed. Leche L. I.).

Gli autori del libro best sellers *"Smettila di reprimere tuo figlio"* (UNO editori) Antonio Panarese e Roberta Cavallo, da tanti anni Educatori alle prese con bambini *"difficili"* con il loro progetto *"Bimbiveri"* , fra le cause che rendono il *"mestiere"* del genitore così arduo e spinoso citano **sei** principali **cause:** 1) **Il concetto di infanzia è alterato,** cioè si è portati a pensarli come piccoli adulti che Devono assolvere da subito dei compiti e conoscere seriamente come *"va il mondo".* 2) **Subiamo l'influenza di una cultura dell'infanzia obsoleta,** cioè siamo in grado di aggiornare le nostre conoscenze materiali ma nell'educare ci rifacciamo a modelli passati. 3) **Si è perso il senso dell'educazione,** cioè prevale un tipo di *"allevamento"* dei figli simile a quello del bestiame, seguendo protocolli dettati da altri senza conoscere i loro effettivi bisogni. 4) **All'educazione si sono sostituite l'istruzione e l'informazione.** 5) **Il genitore non è maturo perché a sua volta è cresciuto in un ambiente immaturo e infelice.** 6) **I ritmi e le usanze odierne alterano i ritmi naturali del bambino.**

Concludo il capitolo esortandoti nel godere della tua creatura senza aver paura di "viziarla" col tuo contatto e le tue attenzioni, ne sarai ripagato.

CAPITOLO 1.1

SIMPATIE E ANTIPATIE
Una questione di emozioni

Dopo quanto esposto nel capitolo precedente comprenderai in questo capitolo il motivo per cui alcuni individui ti attraggono e ti risultano simpatici mentre altri non riesci proprio a sopportarli.

Il tuo Inconscio o istanza emotiva o, meglio ancora, intelligenza emotiva si nutre di emozioni.

Piacevoli o spiacevoli che siano risultano nutrimento energetico e indispensabile al fine di memorizzarne eventi atti a farti evolvere per garantirti un'esperienza di base atta a farti rispondere velocemente in caso di situazioni di pericolo e/o urgenza con l'attacco o la fuga (*caratteristica atavica di sopravvivenza*).

Proprio queste emozioni, come fossero file di un computer, risultano spesso in conflitto con il tuo pensiero logico-digitale e causano attriti al normale svolgimento delle tue scelte.

Quante volte ti è successo di impegnarti a dire o fare qualcosa ma poi hai fatto l'esatto contrario, realizzando di esserti trovato in difficoltà? Eppure hai pensato: "lo sapevo"!

Il codice con cui si esprime il tuo inconscio è oramai chiaro.

Non è logico ma **Analogico** (*per similitudini*).

Si esprime sostanzialmente tramite atti comunicativi non verbali: linguaggio del corpo, dei gesti, suoni vocali, grattamenti, segnali di rifiuto e di gradimento.

Dai tempi di **S. Freud** che "*provava*" a interpretarlo siamo giunti a interrogarlo e a ricevere chiare e precise risposte.

Ciò è possibile soprattutto grazie agli studi di oltre mezzo secolo del mio capo scuola **Stefano Benemeglio** che con la sua **Ipnosi Dinamica,** ci permette di dialogare direttamente e apertamente chiedendo al nostro inconscio veri e propri suggerimenti salvifici.

Questa esperienza la verificherai più avanti.

L'imprinting *(forma di apprendimento di base)* emotivo del come hai elaborato quei primi anni *(da 0 a 6 circa)*, ha gettato le basi per il tuo futuro.

Sino ad oggi tanti autori hanno redatto numerosi manuali sulla *"conoscenza di sé"* ma nessuno di loro ti ha mai svelato un procedimento in grado di ricercare quei file e *"mapparli"* minuziosamente.

Quei file *"corrotti"* o *"danneggiati"* che ancora non ti permettono di aggiornarti onde evitare di commettere sempre gli stessi *"orrori"* come fossi dirottato costantemente da un *"pilota automatico"* sotto l'egida *(il controllo)* dello *"stimolo-risposta"*.

Ciò premesso per far percepire al lettore il motivo per cui i primi anni emotivamente forti, sono fondamentali per le scelte che si pongono in essere che partendo dal passato si riflettono del presente e nel futuro.

Oltre al motivo per cui si risulta demotivati e ancora delusi: dai genitori, da voi stessi, dagli altri.

Ebbene scoprirai, e magari eviterai, il motivo per cui ti arrabbi con alcuni che non lo meritano affatto piuttosto che con altri che, invece, lo meriterebbero.

Comprenderai il motivo per cui ambisci ad alcuni a discapito di altri che invece lasci correre via.

Realizzerai il motivo che ti spinge a raggiungere qualcuno o qualcosa per poi abbandonarlo o, al contrario, ciò che ti impedisce di abbandonare una *"causa già persa"*.

Che dire di quando è sufficiente uno sguardo a farti ammutolire e farti prendere "dall'ansia della prestazione" che manda in fumo un tuo progetto, un esame o una relazione?

La consapevolezza nell'agire implica inevitabilmente un discernimento atto a reagire ad una determinata situazione.

La reazione è condita da ingredienti saturi di esigenze più o meno frustrate scaturite dal mancato appagamento ricevuto in passato.

Un individuo che percorre la sua esistenza con l'intento di appagare esigenze non reali (*spinte dal condizionamento*) al suo fabbisogno, inevitabilmente accuserà malessere.

Il condizionamento personale porta ad appagare le esigenze **Presunte** (*non ricevute in passato*) e non quelle **Reali** (*delle quali hai realmente bisogno*) in quanto si commette l'errore di accettare l'idea che gli altri hanno di noi, tralasciando la ricerca della consapevolezza di chi siamo e cosa realmente desideriamo.

Il risultato è la standardizzazione delle scelte quotidiane nei confronti delle idee, cose e persone.

Ci assuefiamo al **Fallimento della consuetudine** che traghetta magicamente l'individuo verso l'apatia per paura di sbagliare ancora o, al contrario, lo spinge a celebrare l'angoscia dei suoi fallimenti come unica risorsa emotiva disponibile.

La soluzione è quella di agire con consapevolezza, accettando il passato e utilizzando il presente come punto di accesso per un grande futuro.

Per riassumere:

> *se non risolto e individuato, tutto ciò che è risultato emotivamente importante in passato si tramuta in "croce o delizia" nel presente e nel futuro, rendendoci complici di cloni, carnefici del passato e avversari di chi ci ama.*

Questo perché, anche se logicamente non ve ne accorgete, siete spinti alla continua ricerca di fonti e stimoli emozionali che in mancanza di quelli positivi agganciano a quelli negativi già vissuti, poiché emotivamente più forti.

CAPITOLO 1.2

IL CONDIZIONAMENTO
I ricatti Manipolatori e Ipnotici

Dopo un paio d'anni dalla tua nascita nonostante sei uscito indenne da ansie, paure e super attenzioni (*proprie di alcuni genitori*), riuscendo persino a muovere i primi passi ed esprimerti, agli stessi genitori vengono assegnate delle armi di "**distruzione**" atte a importi di fare o non fare, dire o non dire alcune cose.

Sono minacce, ricatti e vincoli che possiamo riassumere in quattro blocchi maggiori che generalmente i genitori utilizzano per "ricattare-minacciare" i figli nel caso in cui non adempiano a quanto da loro richiesto:

> *1) Paura dei Sensi di colpa e dell'errore;*
> *2) Paura dell'Abbandono affettivo, senso del Rifiuto o dell'Accettazione;*
> *3) Disistima e sensazione di Inadeguatezza;*
> *4) Timore del Giudizio negativo, senso della Vergogna, atto di Comparazione Fallimentare, atto di Condizionamento.*

Circa questo tema ricordo ancora la parte teorica che a suo tempo studiai sulle dispense del corso per l'esame di Analogista.

Grazie all'aiuto del mio capo scuola riuscii successivamente a rintracciare quei "*ricatti genitoriali*" (*vincoli, complessi, minacce*) che risiedevano in me, fino poi ad "*abbatterli*" per togliere ad essi quel potenziale ipnotico che mi trasportava da anni verso l'insoddisfazione. Come fossi una foglia al vento.

Individuai perfettamente quegli eventi che generarono il "*tarlo*" di ognuno di quei ricatti.

Acciuffai uno dopo l'altro tutti i soggetti che nel mio passato furono, spesso senza dolo, abili ricattatori e manipolatori.

21

Alcuni di loro avevano semplicemente ereditato dai loro genitori tale abilità e avendo già provato sulla loro pelle quella capacità manipolatoria, non facevano altro che riproporla nei miei confronti:

"chi di spada __perisce__ di spada __ferisce__" (S. Benemeglio vs G. Cristo).

Dalla teoria che per anni ho insegnato, alla pratica dimostrata ai discenti, ho raccolto grandi quantità di testimonianze, alcune private e altre pubbliche sui social, dove risulta che il 90% di chi vuole e riesce ad *"abbattere"* quei ricatti non è più manipolabile. Ciò avviene in quanto si sensibilizza nel riconoscere quegli individui che provano ad utilizzarli nei loro confronti ma, più importante, riescono ad agire o meno a prescindere da quei ricatti, in piena consapevolezza, responsabilità, discernimento e autodeterminazione.

Nonostante ne conoscessi sia l'efficacia che la pericolosità non nascondo la difficoltà che ho incontrato, divenuto padre, nell' evitare proprio io di utilizzare quei ricatti per gestire la mia piccola creatura: nata libera, saggia, desiderosa di esperienza, fuori dal tempo e dallo spazio.

Aveva scelto un padre in gamba che avrebbe saputo limitare i danni nell'educarlo. Del resto ho sempre insegnato questo agli altri.

Con sua Madre e mia compagna di vita mi ero anche preparato a fare il bravo padre.

Avevamo acquistato una biblioteca di libri per prepararci all'esperienza di genitori, per cercare quantomeno di limitare i danni e per evitare a nostro figlio l'inevitabile *"ascia"* del **condizionamento superfluo genitoriale**.

Avevamo persino deciso di barricarci in casa subito dopo la nascita del piccolo, cosa che facemmo, per evitare che: conoscenti, amici e parenti curiosi, ovviamente, di vedere la *"scimmietta"* appena nata avessero potuto rompere...quei momenti di magia, di danza, di contatto uniti a necessità ed esigenze di mamma e neonato.

Mamma lupa e papà lupo avevano sostentamento a sufficienza per evitare di uscire di casa per alcuni giorni.

Gente discreta e fidata ci supportava nelle esigenze.

Il piccolo si nutriva dalla madre. Io gli cambiavo i pannolini e gli medicavo quel che restava del cordone ombelicale.

Questo avveniva tutti i giorni.

Quando lui riposava sazio io lo prendevo in consegna permettendo a sua madre di gestire le proprie primarie esigenze, vigilavo per evitare che svegliandosi avesse potuto percepire che era da solo, **abbandonato**.

Pensate davvero che il termine "abbandonato" sia esagerato utilizzarlo per una creatura appena venuta alla luce che per novi mesi è stata cullata dal ventre materno?

Immagino che tutto ciò possa sembrare esagerato ma vi assicuro che stavamo solo cercando di limitare i danni a quella nuova creatura.

Immagino altresì che tu possa per un attimo pensare che io stia tessendo le mie lodi e infatti è così!

In pochi sanno decidere e attuare con sacrificio immane ciò che stai leggendo perché è difficile pensare di farcela da soli. Senza l'aiuto di qualcuno che ti dica come allattare correttamente, come cambiare il pannolino, quando e come lavarlo.

Vi assicuro che è più semplice il contrario!

E' più semplice demandare ad altri e magari ritornare sin da subito al proprio lavoro che ti permette di *staccare la spina* e rilassarsi. Ciò vale sia per la mamma che per il papà.

Come già detto tutto questo decidemmo di attuarlo con un solo obiettivo e speranza: *quello di far sentire il piccolo e la mamma al sicuro, ognuno per la parte di pertinenza, affinché quel piccolo essere indifeso crescesse con la sensazione che noi eravamo con lui quando ce lo richiedeva, 24 ore su 24.*

Mamma lupa in assenza di visite a qualsiasi ora da parte dei curiosi riusciva a dormire sincrona col piccolo e pronta al suo risveglio.

Evitava di ascoltare consigli non richiesti. Risparmiava di elargire più volte una serie di risposte confezionate. Persino i suoi provati capezzoli anche quando non impegnati riuscivano a vedere la luce del sole e a guarire da lesioni tipiche dell'allattamento.
Senza altri in giro per la "*tana*" a tutte le ore poteva permettersi il desabillè.

Caro lettore o lettrice, in che modo pensi che tu abbia sviluppato il senso di inadeguatezza o del rifiuto o peggio dell'abbandono?

> *Hai mai provato a svegliarti durante il pisolino pomeridiano, quando fa caldo e hai sete e magari hai avuto un incubo, chiami, urli cercando qualcuno ma nessuno risponde, in un istante percepisci di essere solo, e la paura ti assale!*

Quell'istante pregno di emozioni passa direttamente nel tuo inconscio agganciando un altro file simile, analogo, accaduto in passato e in un attimo il tuo corpo produce a cascata una serie infinita di sostanze atte a preparare il tuo corpo ad una minaccia (*adrenalina, noradrelina ecc...*).
Adesso moltiplica tutto questo per le volte che ti è accaduto e comprenderai fra poco il motivo per cui in varie situazioni della tua vita ti sei trovato inspiegabilmente: agitato, bloccato, incapace.
Ora pensa al mio piccolo, al tuo, a te appena nato.
Vissuto per nove mesi nel grembo della mamma e cosa hai provato svegliandoti, inerme, senza che alcuno ti facesse avvertire di non esser solo.
Pensa che questo è solo l'inizio della storia dei tuoi condizionamenti.

Se per un attimo leggendomi hai avvertito un sussulto del tuo cuore, ti svelo che in realtà ancora è niente in confronto a ciò che proverai andando avanti nella lettura, perciò è opportuno che inizi a rilassarti visto che adesso denuncerò la serie dei tanti fallimenti di padre, di insegnante, di uomo e da "*Guru*" della libertà che io stesso ho posto in essere.

CAPITOLO 1.3

IL RICATTO
I peccati dei genitori ricadranno sui figli

> *"Mi è sempre stata incomprensibile la tua assoluta insensibilità al dolore e alla vergogna che suscitavi in me con le tue parole e i tuoi giudizi, era come se non ti rendessi conto del tuo potere"* (F.Kafka – Lettera al Padre)

Se ti affatichi a rincorrere dagli altri affannosi riconoscimenti il tuo complesso è la **Disistima**, cioè la mancanza di autostima.

Se decidi e scegli al fine di essere giudicato positivamente, o per evitare quel giudizio, il tuo complesso è il **Timore del Giudizio degli Altri**.

Se fai fatica a decidere per evitare di sbagliare o non decidi affatto, magari rendendo difficile il facile attraverso l'inutile, il tuo complesso è il **Senso di Colpa**.

Se scarti la possibilità di vincere o perseguire il tuo obiettivo per evitare di lasciare persona cara il tuo complesso è la **Paura dell'Abbandono Affettivo**.

Tutto questo è sintetizzabile in maniera logico-deduttiva e sicuramente hai realizzato che ti rivedi in tutti e quattro gli esempi o solamente in alcuni di essi.

Probabilmente ti starai domandando se esista essere vivente immune da quei complessi (*sigilli o vincoli*).

La risposta è che: *la stragrande maggioranza degli individui ne presenta almeno due, uno dei quali è altamente vincolante, cioè in base a quel ricatto modula e stabilisce le sue scelte quotidiane e di vita.*

Fai attenzione però il tuo carnefice percepisce il tuo *tallone da "killer"* e ti sta utilizzando a suo piacimento se pur inconsapevolmente.

Amici o conoscenti che ti *"vomitano"* addosso ogni problema o sofferenza e ti tiene incollato al telefono per ore.

Ti rimproverano se non rispondi e tu ti giustifichi per non aver risposto nonostante non avevi nessuna intenzione di starli a sentire.

Se poi ti permetti di parlargli dei tuoi problemi non ti ascoltano anzi, ne traggono spunto per parlarti dei loro problemi di gran lunga più asfissianti dei tuoi.

Quel genitore che nonostante abbia a disposizione il proprio partner e altri figli ma cerca te. Esige che ti preoccupi per sentirlo, andarlo a trovare o almeno chiamarlo, pena il rimprovero perché "*ti sei scordato di lui*".

Al contrario l'incapacità di accudire quel genitore, per rancore o risentimento, nonostante ne avverti la necessità e l'esigenza.

Quel figlio che con i suoi silenzi ti preoccupa a differenza degli altri tuoi figli, tanto da pensare che possa avere qualcosa da rimproverarvi.

In sostanza ti affanni quotidianamente preoccupandoti degli altri meno che di te stesso con la speranza che forse qualcuno domani te ne renderà merito.

Sappi che se non riuscirai ad amare prima te stesso avrai commesso il peccato più grande, quello del mancato rispetto della tua dignità di individuo "*creato ad immagine e somiglianza divina*". Un consiglio, non sostituirti a chi ha già trascinato la "*croce*" al posto tuo (*Gesù*).

Come avevo promesso traccerò in breve i passaggi che molto probabilmente resteranno indelebili nella vita del nostro piccolo finché non si deciderà a smitizzarli e a realizzare che non si trattava dei suoi bensì dei nostri limiti, ci riuscirà magari leggendo questo libro e questa storia, (***tratto da una confessione di un cliente***):

Caro figlio mio devo confessarti una cosa:
non appena venisti alla luce già sperimentavi che piangendo ottenevi attenzione da chi recepiva il tuo richiamo. Del resto, così fan tutti.
Quante volte hai desiderato che accorresse mamma o, meglio di niente, io tuo padre. Ricordo che con l'intento di soddisfare i tuoi bisogni spesso è andata così, anche se riuscire a comprendere ciò che volevi è stato

difficile: coccole, cibo, acqua, nanna o semplice rassicurazione. A volte facevamo finta di niente perché stavi crescendo e gli altri, dall'alto della loro esperienza, ci consigliarono che accorrendo ad ogni tuo richiamo avremmo rischiato di **viziarti***. Così hai iniziato a fare sempre più richiami, capricci, caos...specie con gli altri bambini. Ecco che al tuo richiamo se pur differente dal piant siamo accorsi in tanti: io, mamma, i nonni, la maestra, i genitori dei tuoi amici e tanti altri. Non avevo scelta ho iniziato a punirti a ricattarti a negoziare la tua calma: prima con piccoli regali poi con doni sempre più importanti. Io e mamma per avere un po' di tranquillità escogitammo un espediente perciò iniziammo a parcheggiarti di fronte al televisore e finalmente un po' di calma. Allo stesso modo, chi più chi meno, riuscivano a gestirti anche gli altri e per un po' è stato più semplice convivere con te.*

Ricordi quando ti chiedevo di fare qualcosa e non la facevi?

Riuscivo a ricattarti utilizzando: **"allora ti lascio da solo e me ne vado, cattivo!".**

Tu piangendo singhiozzando, ipnoticamente, mi inseguivi pregandomi di non lasciarti.

Restavi ad attendermi e pregarmi dietro quella porta che avevo sbattuto con forza e rabbia.

Piccolo mio questa tecnica del ricatto, con negoziazione imposta, sfruttava la tua necessità di non essere abbandonato perché avrebbe significato morire di fame e di sete in quanto non eri ancora autosufficiente ma non lo sapevo, o meglio, quando ero piccolo come te nei miei confronti, funzionava alla grande.

Questa fu la prima volta, di tante.

Ricordi quando allo stesso modo replicavo ad un tuo gesto, diniego o scelta, utilizzando la frase: **"vedi, per colpa tua, io e mamma litighiamo sempre, sono stanco e domani dovrò andare a lavorare per darvi da mangiare!".**

Era lo stesso senso di colpa di quando, non fidandomi di te, ti obbligai verbalmente di non prendere quel bicchiere per bere poiché l'avresti *fatto cadere (*noi genitori abbiamo le premonizioni e il dono della veggenza*), in realtà non volevo scomodarmi eventualmente a ripulire i cocci e asciugare il pavimento.*

Infatti quel bicchiere ti sfuggì dalla mano e si ruppe, accorse la mamma che con i piedi scalzi si ferì, imprecò nei miei confronti e quando ci separammo ti convincesti che fu per causa tua, per aver disatteso un mio ordine avevi combinato un patatrack.

Ecco come da una tua esigenza di autossuficienza ti ho spinto verso altro.

Anche questa fu la prima volta di altre.

*Ricordi quando ancora piccolino mi chiedesti di andare al parco senza il pannolino e io: "**sei sicuro, non è che poi ti fai la pipì addosso?**".*

E infatti l'ennesima previsione si materializzò d'avanti ai tuoi piccoli amici quando a causa di un pugno alla pancia ricevuto da un tuo amico, la tua vescica si liberò e inondò i pantaloni di pipì.

Avrei potuto far finta di nulla rassicurandoti.

Avrei potuto portare un cambio, piccolo mio, e nulla di tragico sarebbe accaduto.

Invece volevo dimostrarti, anzi dimostrare a me stesso, che avevo ragione e papà sa tutto.

Ti vergognasti, ti sentisti umiliato e indifeso da quelle risate e da quelle faccette espressive e spaventate dei tuoi amichetti che si godevano la messa in scena della tua punizione.

Ti sentivi giudicato negativamente da tutti, da tuo padre, da te stesso.

Ecco come dalla tua ennesima esigenza di autosufficienza e crescita ti spinsi verso altro.

Fu la prima di altre volte.

Come dimenticare quel lavoretto che portasti da scuola fatto interamente con le tue manine.

Ti eri applicato da giorni per dimostrare a me, tuo padre e tuo eroe infallibile e forte, che eri in grado di fare qualcosa da solo e senza il mio aiuto, per evitare di stancarmi e continuare a farmi sbuffare.

Quel giorno, era durante il periodo pasquale, ti avevo promesso di venire a prenderti da scuola ma non ce l'ho fatta.

Ci incontrammo a casa e come al solito avevo fretta.

Discutevo animatamente con la mamma e tu con quel prezioso dono fra le mani richiedevi attenzione.

Io mi arrabbiai con te che non mi lasciavi parlare, guardai per un attimo quel pezzo di carta che desideravi donarmi e lo lanciai lontano da noi: **"che delusione, ecco l'ennesima prova che mio padre non mi stima, non ne faccio una giusta"***...pensasti!*

Fu la prima volta di tante.

Ora sei cresciuto e mi accorgo che insegui gli altri, decidi di fare o non fare, dire o non dire.

Agisci o meno solo ed esclusivamente in base a quei ricatti che albergano in te.

Ti condizionano a tal punto che oramai non decidi o agisci più in base a ciò che è necessario per il tuo bene, felicità o benessere.

Elabori solo se spinto e ricattato o, peggio, per evitare che quei complessi che ti ho donato si rifacciano vivi in te.

*Non so più se poni in essere volontariamente o meno quegli atteggiamenti che inevitabilmente ti fanno **ricelebrare** e rivivere emotivamente i tuoi fallimenti o quel fallimento di figlio nei confronti del padre che tanto ti ha emozionato.*

Ti ho emozionato a tal punto che difficilmente troverai altre fonti o simboli stimolanti, e si sa l'essere umano che non vive emozioni è come fosse morto.

Vedi figlio mio io non ho studiato per fare il padre o divenire genitore perfetto, avrei potuto farlo: leggere qualche libro, fare delle ricerche su internet ma ho preferito altro a questo, a te, a me.

Non tanto per essere perfetto, giacchè la perfezione è una chimera, ma almeno avrei potuto limitare i danni.

Mio padre si comportò allo stesso modo nei miei confronti e io avrei dovuto riconoscerlo subito a me stesso e magari sarei riuscito a non cadere nello stesso suo errore.

Ero certo che dai miei ammonimenti ne avresti tratto esperienza e forza, avresti potuto sfruttare le mie sfide vincendo, mentre invece non era un gioco e non dovevo sfidare la sorte.

Lo so sei deluso.

Ti ho illuso e ho illuso me stesso, ma pensavo che fare il padre sarebbe stato più semplice di così.

Ancora oggi mi pare persino impossibile che da quei piccoli eventi vissuti ne sia scaturita tanta sofferenza d'animo.

Ti scrivo questo perché ho finalmente dissipato i miei condizionamenti e ho compreso che non sei perfetto come non lo sono io.

Forse avresti potuto limitare i danni ma oramai non importa.

Ho finalmente compreso il motivo per cui venivo trascinato e indotto ipnoticamente, istante dopo istante, a decidere il da farsi o meno, cosa dire o non dire.

Era per evitare quei ricatti o addirittura per riviverli come per celebrare le mie insicurezze o poche certezze, lo facevo con: insegnanti, amici, partner, datore di lavoro.

*Ero pilotato dai tuoi complessi, quelli ereditati da tuo padre, alcuni più attraenti di altri ma poi, **caro padre mio**, ho realizzato che avrei dovuto darci un taglio.*

Ho capito che sei stato il mio primo modello e non avevo alternative ma avevo il diritto e il dovere di andare oltre, di evolvermi.

Perciò mio eroe, padre mio, io tuo figlio ti perdono dal profondo, perciò non sentirti in colpa perché tu hai fatto ciò che ritenevi opportuno fare ma da oggi con la tua benedizione continuo la strada nuova verso la felicità.

CAPITOLO 1.4

SEI ESSERE O AVERE?
Desiderio e Possesso, quale è il tuo limite?

Caro lettore già nei capitoli precedenti hai letto circa l'importanza dell'appagamento delle esigenze che presentavi e il relativo appagamento che hai ricevuto.

Quel risultato vizia ancora oggi le tue scelte nei quattro punti fondamentali per la buona gestione delle nostre efficienze o al contrario inefficienze.

I quattro punti *"distonici"* sono la gestione dei:

---

1) **Rapporti con la famiglia d'origine ed acquisita;**
2) **Rapporti sentimentali ed affettivi;**
3) **Rapporti sessuali e passionali;**
4) **Rapporti Autorealizzativi, hobby e lavoro.**

Proprio su questi quattro punti ogni individuo confronta quotidianamente le sue capacità.

La corretta gestione ti darà soddisfazione mentre al contrario subirai dei blocchi, veri e propri attriti.

Vorrei precisare, che il termine – **corretta gestione** – sul primo punto famiglia d'origine e/o acquisita, non significa ottemperare e sottostare a tutti i costi alle richieste dei componenti familiari, bensì adottare una corretta gestione che tenda a evitare di essere fagocitati in situazioni non dovute.

Significa essere disponibili nei casi necessari e richiesti ma significa spesso dispensare dei **No**.

Restando sull'esempio – gestione della famiglia d'origine – l'errore più comune che viene posto in essere è quello che: se siete impegnati con tutte le vostre forze a gestire gli altri (*o alcuni degli altri punti*) citati e avete una mamma che tenta di fagocitarvi oltremodo nonostante abbia a disposizione altri figli e parenti, forse è il caso che proviate dapprima a spiegargli che deve limitare al necessario il vostro *sequestro* e, se proprio non comprenderà, sentitevi liberi di negarvi a lei anche a "*muso duro*".

Il fatto è che sono proprio quei ricatti/complessi che risiedono in noi che non ci permettono di gestire nel modo corretto le situazioni.

Infatti sarà arduo per chi ha il **senso di colpa** o la **paura dell'abbandono.**

Poiché perseguire i propri obiettivi a discapito di persona cara sarà il vincolo che gli farà rivivere il passato, perciò lo bloccherà.

Così come il figlio che per futili motivi, invece, tenderà a litigare sino ad abbandonare i genitori per lo stesso motivo.

Ricordate: "*chi di spada perisce di spada ferisce*", ho provato l'abbandono e ti abbandono affinché io stesso riviva (*ricelebri*) i sensi di colpa.

Siamo arrivati a comprendere cosa blocca la normale gestione dei quattro punti, cioè i famosi ricatti (*sigilli-complessi*).

Ricordate però che tutto ciò avviene sul piano analogico-emotivo-inconscio. Perciò è molto probabile che provando a definire in maniera logica il giudizio sulla gestione di quei punti ne resterete delusi poiché solo l'intelligenza emotiva (*o inconscio*) è in grado obiettivamente e in maniera non condizionata (*dai ricatti*) a dirvi come state gestendo il tutto.

Eventualmente anche quali e quanti dei ricatti o complessi ancora presenti in voi non vi permettono di gestire al meglio quei punti.

Non ci credi?

Lo verificherai più avanti!

All'inizio del capitolo scrivevo circa il risultato (*distonia*) che deriva tra le esigenze (*cioè il desiderio di ricevere qualcosa*) e il relativo appagamento ottenuto.

Per essere più chiaro seguirò con lo schematizzare la differenza fra chi oggi risulta distonico dell'**Essere** piuttosto che dell'**Avere**.

Il dato certo è che tutta la vita è gestita in base a queste due caratteristiche.

Vale a dire se tende a voler possedere o desiderare: sia persone, cose, idee.

Ciò è importante perché ci permette di dosare in modo appropriato quanto dobbiamo fare, dire o dare.

La formazione della distonia in Essere o Avere trae origine nella fase infantile dove l'individuo viene costretto a vivere situazioni di tipo **super, iper o ipo appaganti**.

In questa fase dove il bambino subisce gli appagamenti dall' ambiente esterno che non è in grado di controllare, si forma il turbamento base che sarà in **Avere** se l'ambiente risulta ipo (*poco*) appagante, al contrario se l'ambiente risulta iper o super (*troppo*) appagante il turbamento sarà in **Essere**.

Inoltre, presenterà marcatamente l'una o l'altra distonia in base alla gestione dei **quattro punti distonici**: rapporti con la famiglia d'origine, rapporti sentimentali affettivi, rapporti sessuali, autorealizzazione.

Esempio: *se sei dell' Essere amerai desiderare quindi, troppe informazioni nello stesso momento non ti saranno gradite, anzi creeranno insofferenza ed eccessiva tensione. Al contrario, se sei dell' Avere, desidererai moltissime informazioni e la scarsa quantità di nozioni ti creerà forte disinteresse.*

Caratteristiche della Distonia Essere:
Il soggetto dell'*Essere*, rende difficile il facile con l'inutile (*si complica la vita*).

L'**Essere** è un distonico che tende a **desiderare** le cose in quanto ha un vincolo al possesso che gli impedisce di possedere le cose che vuole e lo costringe a vivere un continuo stato di **desiderio**.

Si riconosce dal fatto che usa molto il verbo essere, mira più alla qualità che alla quantità e impiega diverso tempo per decidere cosa vuole o per ottenerlo.

Vedendo una ragazza interessante per strada sarà portato all'indugio e al rinvio.

Nella relazione risulta assumere un comportamento passivo (*ruolo DOWN*) e usa l'*affetto* per poter avere *sesso*.

Le inefficienze, errori e colpe sono auto attributive (*è colpa mia*).

L'individuo dell'*Essere* reagirà per tutta la vita all'**eccesso** di stimoli affettivi avuti nella primissima infanzia.

Tende al percorso logico e alla sintesi dialettica salvo essere poi privo di senso pratico a favore di quello teorico.

Non è portato all'azione, al decisionismo che vive come eventi penalizzanti che rafforzano la sua insicurezza e deve essere continuamente stimolato.

Nell'acquistare qualcosa il soggetto visiterà numerosi negozi per cercare il prodotto migliore, al prezzo più conveniente e tartassando di domande i venditori ai quali troverà un sacco di difetti e magari non acquisterà affatto.

Ciò nonostante non significa che il soggetto *Essere* sia destinato all'insuccesso.

Tale soggetto non si seduce con l'eccessiva disponibilità.

Si coinvolge particolarmente parlando di sessualità in modo anche sfrontato ma scherzoso e in tal modo viene scosso dal torpore dovuto all'insoddisfazione per l'**eccesso** di attenzioni che ha subito nei primi istanti di vita.

In ambito sentimentale perciò si coinvolge con lunghi corteggiamenti sospirati e se, apparentemente soffrirà un po' per le disattenzioni del suo amato, lo stesso però si sentirà più coinvolto.

Come già detto il soggetto dell'*Essere* si affascina attraverso l'elemento del desiderio e non del possesso.

E' provato che tale soggetto manifesta una forte sensibilità ai ritmi sonori marcati quasi tribali, ritmati e forti, ne conviene che gli è gradita una serata in discoteca ma è da evitargli una serata a lume di candela con melodie romantiche.

Emotivamente predilige amplificare il **desiderio** delle cose in modo maggioritario rispetto al senso del possesso oppure al soddisfacimento o all'appagamento.

Preferisce *"desiderare più che possedere l'oggetto d'amore"*. In realtà esiste una gradualità, ma certamente deve essere maggiore del possibile possesso dell'oggetto o della persona desiderata.

In amore vuole giocare cerebralmente e sarà istintivamente portato a scegliere partner con voce forte, a volte roca e decisa.

Parte dall'Amore (*o affetto*) per arrivare al Sesso, in sostanza da Affetto in cambio di Sesso.

Se arriva a possedere o ad avere un senso del possesso di grado maggiore rispetto all'esigenza del desiderio, automaticamente il simbolo (*oggetto del desiderio*) viene destabilizzato, ossia non ha più nessun potenziale.

Possedere, per la distonia dell'**Essere**, vuol dire detronizzare e distruggere il simbolo.

Chi afferma: *"Io sono ansioso"* deve desiderare più di quanto riesce ad ottenere.

Caratteristiche della Distonia Avere:

Il soggetto dell'*Avere*, rende **facile il difficile con l'indispensabile.**

E' caratterialmente opposto al precedente.

Va alla ricerca della quantità a scapito della qualità e crea uno stato di continuo *"arraffare"*.

Si riconosce dal fatto che usa soprattutto il verbo avere e nelle relazioni assume un comportamento attivo (*ruolo UP*).

E' un soggetto improntato all'azione.

Vuole **possedere** le cose in quanto ha un vincolo al desiderio che gli impedisce di desiderare le cose.

Ricerca nel mondo esterno tutte le soddisfazioni affettive che nei primissimi mesi di vita egli ha avvertito essere **carenti**.

Vedendo una ragazza interessante per strada proverà a fermarla, ciò non significa che essere portati all'azione è garanzia di successo, l'azione deve essere anche ponderata e intelligente e il soggetto dell'*Avere* pecca di impulsività.

Nell'acquistare qualcosa entrerà nel primo negozio ed avrà "archiviato la pratica" poiché impulsivo, salvo poi rendersi conto di aver acquistato qualcosa che non gli serviva.

Si darà alla fuga se nel giro di qualche incontro con l'amata non ottiene il risultato sperato. Tutto e subito!

Non sopporta l'amore celebrale, non interpreta mai indugi e procrastinazioni come espressioni seduttive ma come inutili perdite di tempo o, peggio, come mancanza di interesse nei suoi riguardi tanto che a volte non esita a denunciarlo.

Sceglierà partner con voce delicata, suadente e armoniosa.

In ambito sentimentale risultano sedicenti grandi amatori pronti a dare il mondo a chi si concederà alle loro lusinghe senza indurli nell'attesa o alla procrastinazione.

L'*Avere* parte dal Sesso per arrivare all'Amore (*o affetto*), cioè da Sesso in cambio d'Affetto, partendo dal presupposto che ogni individuo dà ciò che può dare (*o che sa dare*) e ricerca ciò di cui ha bisogno (*che non ha avuto, o pensa di non aver ricevuto, da bambino*).

Se il soggetto dell'*Avere* e quello dell'*Essere* si incontrano, possono risultarsi istintivamente "*odiose*" ma, alla fine, con una buona dose di calibratura e conoscenza l'uno dell'altro si riveleranno amici per la pelle e affascinati reciprocamente.

La distonia dell'**Avere**: *preferisce il senso del **possesso egemone**, rispetto al desiderio*. Cioè destabilizzerà il simbolo (*oggetto del desiderio*) se desidera più di quanto possiede. Tutto ciò se il simbolo, la fonte di stimolazione, vuol rimanere simbolo nei confronti di questa persona; permanere simbolo vuol dire mantenere la propria "*affascinazione*" il proprio "*carisma*", la propria "*influenza*" nei confronti di questa persona.

IMPORTANTE: *un soggetto non avrà mai un aspetto assoluto di una di queste distonie ma ne avrà una che risulterà essere maggioritaria sull'altra, perciò potrebbero alternarsi.*
L'individuo, promuoverà esclusivamente l'una o l'altra distonia tanto quanto si troverà in disequilibrio fra l'istanza logica e quella emotiva.

Soffermiamoci un attimo sul *"senso del possesso"*.

Mentre per l'automobile il possesso è istituzionalizzato nel momento in cui andiamo a pagare l'auto e ci viene consegnata, nei rapporti umani il senso del possesso nei confronti di una persona è solo una *"sensazione"*, ad esempio la sensazione di possedere Roberta.

Francesco ha il senso del possesso nei confronti di Roberta nel momento in cui lei si comporta come lui desidera e non darà nulla in contro di lui perché la *"possiede"*.

Ad esempio è sicuro che non lo **tradirà** mai. Non ha importanza se poi lo fa: *è il senso di sicurezza che conta.*

Vale a dire che è l'aspetto comportamentale di Roberta che dà il senso del possesso e della sicurezza a Francesco.

Quindi il senso del possesso è un discorso soggettivo?

Proprio così!

Bisogna però tener presente il tipo di **distonia** (se essere o avere) a cui il soggetto appartiene.

Ammettiamo che Francesco avendo destabilizzato Roberta che ormai lo demotiva, non gli crea il pathos (*piacere o sofferenza*) di prima, voglia farsi destabilizzare da Roberta, deve adottare un comportamento idoneo a tale scopo.

Come si deve comportare Francesco?

Quando Roberta telefona, le deve attaccare e dire che non la vuole più sentire?

Ma se Roberta è una distonia dell'**Essere**, vincolandole il senso del possesso, non farebbe altro che **caricare** in Lei il **desiderio**, perciò Roberta si innamorerà sempre più di Francesco.

Non appena Francesco abbasserà la cornetta del telefono, Roberta gli farà quattro telefonate di seguito, con aggressiva rivendicazione.

Se invece Roberta è una distonia dell'**Avere,** per amarlo deve possedere più di quanto desidera l'oggetto d'amore, mentre la destabilizza se il desiderio è maggiore del senso del possesso.

E' chiaro che accadrebbe esattamente il contrario attaccando il telefono ad una Roberta della tipologia distonica **Avere**: *in tal caso destabilizzerebbe Francesco immediatamente e non telefonerebbe più.*

Se Roberta è una distonia dell'**Avere,** quando Francesco le dice di non volerla più sentire, attuerà seduta stante quei meccanismi destabilizzanti nei confronti di Francesco.

Ma se Francesco è un operatore a conoscenza dei simbolismi, sa che Roberta è una distonia dell'**Avere** che teme il vincolo del possesso e lo teme al punto da provocare un cortocircuito tale da chiudere il rapporto nel momento in cui tale vincolo viene attivato.

Sicuramente a questo punto ti sarai riconosciuto in una o l'altra caratteristica, ti invito perciò ad esercitarti nell'individuare nei tuoi conoscenti l'una o l'altra caratteristica.

Nella seconda parte, quella pratica, ti divertirai a chiedere direttamente al tuo inconscio a quale delle due appartieni.

CAPITOLO 1.5

LA TRASGRESSIONE
Regole e Violazioni, Lucignolo e il Grillo nella tua testa

Mutuando due personaggi emblematici di Pinocchio, il **Grillo** e **Lucignolo** sono rispettivamente emblemi istituzionali e trasgressivi che rappresentano due diverse qualità degli elementi che compongono un ipotetico asse energetico dell'individuo.

Due facce della stessa medaglia.

In questo capitolo mi dilungherò quanto merita l'argomento. poiché Ritengo che l'equilibrio emotivo di ognuno dipenda per il 70% da quanto leggerete.

Il mancato equilibrio si manifesta con ansie o demotivazioni piuttosto che con esagerate trasgressioni a rischio di infedeltà fra partner, piuttosto che un'eccessiva scrupolosità nel seguire regole acquisite.

In generale ho potuto constatare che soggetti altamente scrupolosi nel seguire le regole, spesso non scritte, denunciano poi una marcata propensione a trasgredire fino a creare un vero e proprio caos specie in famiglia.

Al contrario ho rilevato che chi invece è stato trasgressivo, d'improvviso scopre la sua vocazione per una vita consacrata.

Ricorda sempre che esistono sempre delle *"vie di mezzo"* dove trasgredire per chi è cresciuto in un contesto sociale fatto di regole, può significare dire una parolaccia. Al contrario per chi è cresciuto in un contesto trasgressivo e privo di regole *"mettere la testa a posto"* significa augurare il buongiorno dimostrandosi oltremodo cordiale.

Specialmente durante la ricerca delle relazioni significative con: familiari, amici, partner e lavoro, riuscire a gestire al meglio la sottile linea gestionale fra queste due istanze può rivelarsi la vostra salvezza.

Specie quando durante un ciclo della vostra vita è necessario promuovere più l'una o l'altra.

Per alcuni, ad esempio, Trasgredire lasciando prevalere *Lucignolo* si esprime nel parcheggiare la propria auto in tripla fila nel caso in cui, non trovando posto utile nei pressi dell'ospedale, si rischierebbe di lasciar partorire la propria donna in auto. Azione che altrimenti non farebbe mai! Inutile ripetere che la forma e la sostanza del *Grillo* è il risultato di regole che avete ricevuto dai vostri genitori, insegnanti e persone significative oltre al bagaglio delle vostre esperienze ritenute sbagliate e da non rifare. Il contrario a quelle regole forma il *Lucignolo* tentatore, la sua qualità e il suo potere.

Simbolicamente *Grillo* e *Lucignolo* possono essere idee, cose o persone con cui l'Individuo imposta relazioni simbiotiche, significative.
Sin da piccoli assegniamo a qualcuno il ruolo di *Grillo* e di *Lucignolo* al fine di trarne spunto ed esempio per la nostra vita.
Chi ha dispensato regole e rivestiva un ruolo istituzionale è stato il tuo *Grillo*. Forse papà o mamma.
Al contrario chi ti permetteva di divertirti inducendoti a fare cose "*sbagliate*" ed era esuberante è stato il tuo *Lucignolo*.

L'elemento "*significativo*" (*idea, cosa o persona che gode di rilevanza da influire sul tuo potere decisionale avendone la gestione della tua emotività*) consuma il proprio "*potere*" per conquistare l'egemonia all'interno del sistema mentale dell'Individuo lottando con il suo elemento opposto.
L'egemonia di un elemento sull'altro determinerà la gestione del problema e di tutti i dinamismi relativi.

Sia il *Grillo* sia *Lucignolo* giocano una partita senza esclusione di colpi. L'obiettivo è la gestione dell'Individuo e delle sue esigenze.
La costante lotta comporta il reciproco utilizzo di meccanismi di difesa e di offesa atti a difendersi e a conquistare un ruolo prioritario nell'agire.
Per raggiungere tale scopo il *Grillo* e i suoi duplicati si servono dei **sensi di colpa** e dell' **abbandono** (*ricatti Genitoriali*), veri e propri sistemi

ricattatori e manipolativi tendenti a comprimere le pericolose manifestazioni di rancori e reattività da parte dell'Individuo stesso nei loro confronti.

Comportano la destabilizzazione del simbolo istituzionale che il *Grillo* rappresenta attraverso regole e doveri da rispettare, pena una sanzione da "**pagare**" (*sensi di colpa e/o abbandono*).

Ad esempio: il genitore che presenta al figlioletto la sanzione (*ricatto-minaccia*) dell'abbandono nel caso in cui non esegua l'ordine-invito impostogli, pone il figlio nella posizione in cui trasgredendo quell'invito rischierebbe la sanzione con relativi sensi di colpa: "*vi trovate in un centro commerciale affollato, hai circa 4 anni e tuo padre di avverte di non allontanarti poiché potresti perderti. Ad un certo punto ti guardi attorno e realizzi che i tuoi genitori non sono vicino a te, ti sei perso! Ti assale la paura ma dopo qualche istante ti viene incontro tuo padre urlando e sgridandoti*".

Cosa è accaduto?

Il primo file pregno di emozioni (*la paura*) inerente l'abbandono, si fissa come un tarlo nel tuo inconscio.

Se durante quell'evento vostra madre vi risultò agitata tanto da sembrare in preda all'ansia è molto probabile che incamererete il relativo senso di colpa nei suoi confronti.

Scoprirete più avanti che in base alla risposta che avete posto in essere nei confronti del soggetto significativo (*giustificare o meno il torto ricevuto*), verrete dirottati verso l'uno o l'altro complesso/sigillo.

Lucignolo a differenza del *Grillo* per raggiungere il medesimo scopo si serve della **Disistima** e del **Giudizio Negativo**.

Sono vere e proprie offese alla dignità della persona.

L'Individuo si trova così a combattere contro i ricatti Genitoriali, cioè i timori di profonde e antiche sofferenze del passato contro le offese del presente.

41

Il *Grillo*, essendo l'elemento istituzionale della "*riflessione*", si serve dei ricatti/sigilli per arginare le temibili forme di reattività presenti nell'Individuo dovute a negazioni o ad aspettative frustrate a suo tempo espresse dal *Grillo* nei confronti dell'Individuo.

I ricatti del *Grillo* rappresentano oscure paure dell'individuo che potrebbero essere di nuovo promosse a seguito di un comportamento trasgressivo a discapito di quello istituzionale.

Quindi, ogni volta che l'Individuo opta per il *piacere* a discapito del *dovere* teme che possa riapparire la tremenda sofferenza interiore vissuta nel passato.

Il ricatto/vincolo di *Lucignolo* è l'essenza espressiva e comportamentale del **giudizio negativo** e della **disistima** che una persona, nel ruolo di Regista giudicante, esprime nei confronti di un'altra persona occupante il ruolo di Adulto Significativo giudicato.

L'Individuo può occupare il ruolo di ente giudicante come Regista o di ente giudicato come Adulto Significativo.

Nel primo caso la sua natura è quella di giudicare negativamente o positivamente il proprio Adulto Significativo. Nel secondo caso teme il giudizio negativo del Regista nei propri confronti.

La **Dissociazione** *(da non confondere col significato psicologico)* e la **Scissione** trasportano nel tempo i traumi del passato, rancori e risentimenti, sofferenze e piaceri vissuti nel passato nella fase infantile adolescenziale.

Tali ricordi formano i silos energetici di alimentazione energetica per i vincoli/sigilli istituzionali e trasgressivi di cui si servono il *Grillo* e *Lucignolo* per rafforzare i propri ricatti.

La **Dissociazione** avviene poiché l'individuo è portato a causa del potere del vincolo istituzionale a giustificare il *Grillo*.

Perciò la *giustificazione al torto ricevuto* comporta inevitabilmente un conflitto tra l'istanza logica riflessiva e l'istanza analogica emotiva tra l'Io adulto e l'Io bambino ovvero tra riflessione e azione.

Tale conflitto può comportare la nascita non solo di un comprensibile disagio ma anche la formazione di un Problema.

La giustificazione comporta l'accettazione, da parte dell'individuo, di una **motivazione** al torto ricevuto e al comportamento iniquo della persona significativa (*ad esempio, il figlio che giustifica un abuso commesso dal genitore nei suoi confronti, spesso secreta cioè non denuncia l'accaduto*).

Se l'individuo **giustifica,** inevitabilmente **perdona** il torto ricevuto con la ragione e per questo comprime il Pathos ossia la sofferenza che il torto indipendentemente dal perdono ha determinato.

La compressione del Pathos determina quindi inevitabilmente la natura ordinaria o patologica del Problema Originario, il quale si presenta sempre con un Pathos maggioritario rispetto alla Reattività.

La **Dissociazione** è quindi la conseguenza di un vincolo sindromico a difesa del *Grillo (fra l'istanza logica riflessiva e l'istanza analogica emotiva).*

Pensa a quante volte ti è capitato di subire un rimprovero o subire un'offesa.

A prescindere che tu abbia avuto torto o ragione hai avuto due possibilità: **Reagire** (*non giustificare*) o **non Reagire** (*giustificare*).

Tutto dipese dalla "*sanzione*" che avresti potuto "*pagare*" nel caso in cui avessi scelto l'una o l'altra strada.

Una bimba abusata da persona significativa, genitore ad esempio, sceglie di non dire niente a nessuno per paura che possa scatenare il caos in famiglia, perciò secreta, preferisce giustificare il carnefice attribuendosene le colpe per paura di subire anche l'abbandono da parte dell'altro genitore.

La **Scissione** avviene poiché l'individuo è portato a causa del potere del vincolo anatemico trasgressivo a non giustificare *Lucignolo*.

La ***non giustificazione al torto ricevuto*** (*cioè reagire*) comporta inevitabilmente un conflitto all'interno dell'istanza logica riflessiva ossia all'interno dell'Io adulto, tra riflessione e motivazione opposta.

Tale conflitto può comportare la nascita non solo di un comprensibile disagio ma anche la formazione di un Problema Reale o Artificiale.

La non giustificazione comporta la non accettazione da parte dell'individuo di una motivazione al torto ricevuto e al comportamento iniquo della persona significativa.

Se l'individuo non giustifica inevitabilmente non perdona il torto ricevuto e per questo comprime la Reattività ossia la rabbia e il rancore che il torto non perdonato ha determinato.

La compressione della **Reattività** determina quindi inevitabilmente la natura ordinaria o patologica del Problema Artificiale, il quale si presenta sempre con una **Reattività** (*rabbia, rancore, risentimento*) maggioritaria rispetto al Pathos (*stato di piacere o sofferenza rispetto l'esigenza*).

La *Scissione* è quindi la conseguenza di un ***Vincolo Anatemico*** (*timore del giudizio o disistima*) a difesa di *Lucignolo*.

La **Tecnica Analogica** (*ideata dal Dott. S. Benemeglio*) consapevole dei più significativi dinamismi che concorrono alla formazione del problema, non combatte mai direttamente il significato oggettuale, auto o etero attributivo del problema, ma combatte il suo significante analogico rappresentato dalla compressione energetica del **Pathos** o della **Reattività** a causa del vincolo istituzionale o trasgressivo che lo governa.

Nella **Tecnica Analogica**, infatti, la compressione energetica rappresenta la "*pompa di benzina*" che alimenta il vincolo e lo rende potente nella sua azione nefasta.

Qualsiasi attribuzione negativa o qualsiasi dissociazione fra l'**Io Adulto** (*istanza Logica*) e l'**Io Bambino** (*istanza emotiva-inconscia*), può essere abbattuta se in prima istanza si combatte il **silos energetico** che alimenta il conflitto; *come dire che non si può abbattere il muro di Berlino se prima non si abbatte l'impero sovietico che lo governa.*

Solo successivamente quando la fonte di alimentazione si è indebolita, l'operatore passa a combattere con opportune strategie relazionali direttamente i limiti e le inefficienze nel Problema **Ordinario** (*l'individuo ha la consapevolezza della propria sofferenza sulla base della relazione di causa-effetto*) oltre ai vizi e i difetti comportamentali nel Problema **Patologico** (*manca la consapevolezza e/o la relazione di causa-effetto*) con la presenza del sintomo nevrotico.

Attaccare direttamente il Problema nella sua dimensione logico digitale senza prima aver indebolito la sua dimensione analogica (*emotiva-istintuale*) vuol dire andare incontro a un sicuro fallimento dell'azione risolutrice con il conseguente e ulteriore rafforzamento del meccanismo di difesa e di offesa presente nell'Individuo.

La **Tecnica Analogica** riconosce nell'**Antefatto** (*cioè l'evento che se non fosse accaduto non sarebbe presente il problema o parti di esso*) le condizioni di base e le opportunità affinché un **Fatto** (*evento significativo e analogo, successivo all'antefatto*) si conclami in un certo momento nella vita dell'Individuo.

Indebolendo l'Antefatto si indebolisce automaticamente anche il Fatto, ossia la conclamazione del problema.

Rimanere attaccati alla sofferenza del passato e alla propria rabbia antica è un modo di rimanere bloccati nel passato e di creare malattia.

Non c'è niente di sbagliato nella rabbia e nella sofferenza se la approviamo e la esprimiamo in modo positivo e infine la lasciamo andare.

La sofferenza e la rabbia trattenuta a lungo diventa **Pathos** (*sofferenza*) e **Reattività** compressa che consuma il corpo e può divenire anche fonte di gravi malattie oltre che fonte di psiconevrosi (*come afferma e dimostra il Dott. S. Benemeglio nel suo trattato di Ipnosi Metafisica*).

Il rancore si trasforma in risentimento quando tende senza riuscirci a manifestarsi verso gli altri e in sensi di colpa quando tende a manifestarsi verso sé stessi.

La compressione del Pathos genera ansia, paure, panico, angosce ed eccessiva emotività, creando il Problema Originario quando risulta maggiore della Reattività. La compressione della Reattività in tono maggioritario crea il Problema Artificiale e genera sensi di colpa con effetti depressivi quando è di qualità auto attributiva ossia per colpa di sé stesso, genera risentimenti con effetti somatizzanti quando è di qualità etero attributiva ossia per colpa degli altri.

Sono proprio queste dinamiche che forgiano le risposte che poni in essere anche oggi nei confronti di chi promuovi come individuo Istituzionale o Trasgressivo, con la relativa attrazione o repulsione nei confronti di uno o l'altro simbolo.

Ognuno di noi nella vita individua un simbolo sotto forma di idee, cose, persone che rappresentano il riferimento **Istituzionale** e **Trasgressivo** di turno in quel momento/ciclo della vita.

Nel momento in cui hai vissuto una vita monotona, per alcuni anni, ti troverai inevitabilmente a sentirti attratta da una figura trasgressiva.

Ciò inizia dapprima con un pensiero e se accade qualcosa di forte nella tua vita quel pensiero ti aggancia e ti crea quella forza energetica trasgressiva da esprimere fisicamente.

A prescindere dal tuo status sociale in quel momento hai due possibilità: assecondare o comprimere.

Negli anni ho trattato molte donne.

Spesso tradite e abbandonate dal marito, incapaci di lasciarsi andare al corteggiamento di altri uomini.

Eppure risultavano consapevoli di volersi finalmente divertire dopo anni di dedizione alla famiglia ma, nonostante con figli già grandi, sentivano ancora l'eventuale giudizio negativo degli altri nei loro confronti nel caso in cui fossero state notate accompagnate da altri uomini.

Per la maggior parte di loro, avere un'altra relazione con altri uomini significava abbandonare la propria famiglia e relativi sensi di colpa o disistima da parte dei figli.

Vedete, ho sempre rilevato questo: ogni volta che avevo di fronte qualcuno che stava vivendo un momento catastrofico o deludente, il 95% delle volte il loro inconscio ci suggeriva di promuovere la Trasgressione. Quel *Lucignolo* presente che aveva tutta l'intenzione di andare finalmente al luna park, quel parco dei giochi fatto di situazioni diverse, persone diverse dal solito, anche se il *Grillo* con la sua voce imponente continuava a minacciare di abbandono e sensi di colpa nel caso in cui avessero provato a Trasgredire quelle regole.

Ma anche il *Grillo* è gestibile, è sufficiente appagarlo con qualche ricordo emozionale, compromesso e/o negoziato per lasciar libera l'incatenata.

CAPITOLO 1.6

IL GENITORE CATTIVO
Il rapporto con lui ti condiziona ancora?

Da anni oramai durante i miei seminari cito sempre lo stesso assioma circa l'emulazione del mito genitoriale, lo stesso assioma che ascoltai formulare dal suo ideatore Stefano Benemeglio quando iniziai a studiare questa sua strepitosa **Disciplina Analogica**:

> *"ciò che hai giudicato e criticato negativamente al genitore del medesimo sesso, temerai per tutta la vita di avere gli stessi difetti e vizi comportamentali di quel genitore. Ciò che hai giudicato e criticato negativamente al genitore di sesso opposto al tuo, temerai per tutta la vita di agganciarti a partner aventi gli stessi difetti e vizi comportamentali di quel genitore".*

Ebbene mi si aprì un mondo di riflessioni e autocritiche sul mio sistema comportamentale.

Sin da subito compresi il motivo che sino a quel momento mi aveva spinto ad evitare di somigliare a mio padre, che amavo profondamente, nonché cercare partner che avessero caratteristiche simili a quelle di mia madre.

Il risultato di tutto questo, sino a quel momento, fu che in situazioni critiche e di stress mi comportavo come mio padre e non mi sopportavo, mi legavo a donne che piacevano a mia madre ma le tradivo con donne che risultavano comportarsi in maniera diametralmente opposta alla sua.

Ma perché accadeva tutto ciò?

Compresi più tardi che l'imprinting genitoriale di riferimento era inevitabile.

Del resto le figure significative sin dalla nascita erano e sono sempre state i miei cari genitori che, vedremo, occupano per l'inconscio un posto privilegiato, a prescindere dal modo in cui si sono comportati.

Ciò, in quanto primi e insostituibili fonti di stimolazione emotiva nei nostri confronti, sia nel piacere che nella sofferenza.

L'errore più comune commesso dalla maggior parte degli individui adulti che ritiene di presentare dei difetti comportamentali, è quello di accusare gli stessi genitori quali causa di inefficienze, scelte sbagliate, frustrazioni. In questo modo si rischia di restare impantanati nei fallimenti frutto dei complessi genitoriali, in quanto si evita di prendere coscienza delle cause reali.

La soluzione logica è: *"riconoscere le proprie dinamiche evolutive comportamentali, frutto dei loro insegnamenti positivi e negativi in quanto individui imperfetti, accettarle e agire con autodeterminazione, consapevolezza e responsabilità"*.

Come detto invece il rischio nonché errore più comune è quello di continuare ad attribuire loro, o uno di essi, tutte le colpe dei nostri fallimenti.

Sin dalla nascita, come spiegavo nel primo capitolo, sono loro che ci presentano i primi modelli comportamentali.

La genesi della conflittualità con uno o l'altro genitore si forma sin dai primi giorni della nostra vita, ma anche prima, nel grembo materno.

Come già illustrato nel primo capitolo, in base alle esigenze che presentavi hai ricevuto una percentuale di appagamento alle tue esigenze da uno e/o dall'altro genitore.

Dopo qualche anno e al presentarsi di un determinato evento che ti ha visto coinvolto emotivamente, hai stabilito a chi attribuire lo scettro di genitore *"cattivo"*.

Ad una età di circa 9-10 anni essendoti già affacciato al modo esterno da qualche anno, ha iniziato a formarsi in te l'esigenza di capire non più il modello genitoriale di Uomo (*in quanto padre*) e Donna (*in quanto madre*) nei tuoi confronti, bensì il modello maschio-femmina in rapporto fra loro.

Questo avviene in quanto, sia amici che conoscenti ti hanno presentato il loro mondo, i loro genitori, più o meno *"bravi"* o efficienti dei tuoi.

In quella fase hai iniziato a tirare le somme.

Con l'esclusione di minori casi che possono restare nella conflittualità di "*base*" (*cioè non evolve a giudicare i genitori in rapporto fra loro*), in questo modo la tua prima conflittualità si tramuta in altro poiché, inconsciamente, da quel momento risulterà inefficiente quel genitore che ha permesso all'altro di procurarvi la prima conflittualità, sofferenza.

> **Esempio estremo**: *se io maschio ho avuto un padre che si ubriacava, risultava sempre assente e quando rincasava usava violenza contro di me, inevitabilmente, lui, risulterà il mio genitore conflittuale, registrerò: "**io non sarò mai come te!**"*.
>
> Crescendo, e perdurando la medesima situazione, arriverò a definire che: *"se mia madre in quanto femmina fosse stata più brava, non avrebbe permesso a mio padre di comportarsi in quel modo nei miei confronti, perciò quel tipo di femmina è inefficiente poiché non ha saputo calibrare opportunamente quel maschio"*, così andrò a scegliere partner che non le somigliano affatto e/o io stesso assumerò un comportamento atto ad "insegnare" agli altri come ci si comporta in quei casi.

Sicuramente, più o meno consapevolmente, riuscirai a definirti simile ad uno o l'altro genitore ma quanto stai per scoprire ti darà la chiara percezione del motivo per cui sei attratto o meno da individui con caratteristiche che elencherò in seguito.

Questo è la genesi della tua conflittualità (*tipologia*) che risulterà dal test (*T.A.P. di Stefano Benemeglio*).

Funziona un po' così: *nel momento in cui realizzerai le tue **Reali** propensioni e/o caratteristiche genitoriali riuscirai finalmente a riconoscere e individuare quei soggetti che, se pur inconsapevolmente, ti hanno condizionato e condizionano ancora le tue scelte di vita: familiari, autorealizzative, amorose e, persino, sessuali.*

Ora mettiamo insieme quanto esposto nel capitolo 1.4 (*Essere o Avere*) con quanto espresso in questo capitolo.

A questo punto ti trovi a realizzare di appartenere **tendenzialmente** all'**Essere** o all'**Avere**, nonchè di *"appartenere"* ad una tipologia conflittuale o meno nei confronti di papà o mamma.

Per rendere meglio l'idea svilupperò in maniera semplice degli esempi.

Intanto apri la mente e cerca di assegnare ad ogni esempio un individuo che conosci, te compreso, che in stile comportamentale somiglia ai soggetti descritti nell'esempio:

Come si comportano le diverse conflittualità (*tipologie comportamentali*) in occasione di un evento improvviso a cui assistono e possono partecipare?

Proviamo ad immaginare una situazione: *un incidente d'auto all'incrocio tra due vie. Un conducente rimane lievemente ferito e necessita di aiuto. La strada, alle 11 del mattino è affollata, diverse persone assistono all'incidente: Sbaam! Rumore di fanali rotti e lamiere. Tutti si voltano istintivamente a vedere cosa ha provocano questo rumore, già intuendone la causa. In mezzo all'incrocio, tra due strette vie cittadine, due auto sono ferme. Capita spesso ma un incidente è pur sempre uno spettacolo che vale la pena di osservare. Su una delle due auto una persona si tocca la testa dolorante. Ha cozzato contro il parabrezza e non scende subito. Che fare?*

Questo è un esempio di improvviso stato tensionale in occasione del quale ogni individuo reagisce, o meno, in base alle proprie caratteristiche comportamentali.

Chi è nei pressi, ne viene coinvolto e reagisce anche secondo la propria personalità.

Tra gli spettatori, avremo innanzitutto gli "**Avere**" che non possono permettersi di svolgere un semplice ruolo da spettatore. Si porranno in ruolo attivo, mentre gli "**Essere**" tenderanno ad osservare l'evoluzione degli eventi, partecipando solo se necessario.

Interviene un altro tratto caratteriale: la conflittualità genitoriale che ci ha tanto segnato nella crescita.

Ecco che i **conflittuali padre**, sia uomini che donne (*che la Psicologia Analogica descrive sinteticamente come* **Asta**) assumeranno un comportamento aderente all'immagine di un padre ideale.

Come si comporterà un'**Asta**?

Assumerà un ruolo attivo se dell'**Avere** ed interverrà, magari avvicinandosi alle auto, iniziando a criticare il comportamento al volante di uno dei due conducenti, preferibilmente colpevolizzando un maschio.

Se è dell'**Essere** interverrà a distanza parlando con i presenti in tono accusatorio e con un atteggiamento rivolto ad evidenziare i limiti dei conducenti coinvolti.

Badate bene, qualunque cosa possa dire se ne guarderà bene dal dare una mano al ferito!

Insomma il ruolo dell'**Asta** è replicare ciò che avrebbe detto un padre al figlio che ha avuto la malaccorta idea di avere un incidente: *sgridandolo puntandogli contro un dito con atteggiamento accusatorio.*

Pensa tra sé (*se vuole evitare un conflitto fisico con i conducenti coinvolti*): "***Lo dico sempre che le patenti le regalano! Non sapete proprio guidare, adesso arrangiatevi!***".

Più in la tra gli spettatori, ecco un **conflittuale madre** (*che la Psicologia Analogica descrive sinteticamente come* **Triangolo**) cioè la madre ideale.

E' una persona protettiva, assume il ruolo che avrebbe desiderato vedere nella madre.

Con il bisogno di un contatto fisico con l'oggetto da proteggere poserà la mano aperta sulla spalla del ferito.

Se è dell'**Avere**, si avvicinerà cercando di dare soccorso ma litigherà con le donne presenti tacciandole di manifesta incapacità ed occuperà la scena indipendentemente dalle sue effettive capacità di portare un aiuto costruttivo, difficile sottrarsi alle sue attenzioni.

Se è dell'**Essere** cercherà comunque di portare un aiuto, di sostituirsi agli altri indecisi, magari procurandosi un cordiale al bar dell'angolo da porgere gentilmente al ferito. Forse non sa che altro fare ma sentirà l'impellente necessità di assumere un **ruolo protettivo**, corrispondente alla sua idea di madre ideale.

Pensa tra sé: "*Sono degli incapaci, meglio che faccia io quello di cui c'è bisogno!*"

Finalmente intervengono gli **Ego**, (*che la Psicologia Analogica sintetizza e descrive come Cerchio*).

Sono i controllori del traffico!

Impartiscono direttive, con ampi gesti circolari, senza partecipare alla realizzazione. Sono coloro che diranno cosa va fatto: "*è necessario chiamare un'autoambulanza, sarebbe meglio non spostare il ferito, il modo migliore per non intralciare la circolazione sarebbe quello di spostare le auto appena risolto il problema del ferito*".

Insomma osservano e indicano le soluzioni ma, badate bene, nessun cerchio sentirà l'impulso di rimboccarsi le maniche per fare alcunché.

Se dell'**Avere** lo vedremo in ruolo attivo, prendendo il controllo della situazione, distribuirà compiti ai passanti.

Penserà: "*Bisogna che dia istruzioni e controllerò che qualcuno lo faccia*".

Se dell'**Essere**, lo vedremo in disparte, osserverà la scena, offrirà un parere se richiesto e, dentro di sé, filosofeggerà su "*come sarebbe migliore il mondo se tutti guidassero come dico io...*".

L'**Ego** è una figura particolare. E' nato e ha percepito una conflittualità con uno dei genitori, come tutti, ma si è successivamente "*trasformato*".

Le cause sono da ricercare nel rapporto con il genitore "buono" quello gratificante (*appagante delle sue esigenze*), che nel corso della crescita è stato percepito come "*sbagliato*" in occasione di un evento in cui la gratificazione (*appagamento dell'esigenza*) non è giunta.

Il **cerchio**, non potendo cambiare la sua personale conflittualità creatasi con il genitore "*cattivo*", trasforma il proprio comportamento in diffidenza verso entrambi i genitori, ora visti come **maschio e femmina** non più come padre e madre.

E' un osservatore, così come ha dovuto osservare i genitori nella relazioni tra di loro e si comporta come avrebbero dovuto comportarsi i genitori.

E' intuibile che il cerchio cerca di ricreare la triade della famiglia di origine.

Ecco quindi che i soggetti che intervengono sono almeno tre: egli stesso, una figura che interpreterà il padre ideale ed una la madre ideale.

CAPITOLO 1.7

IL SIMBOLO PREDOMINANTE
Cerchio, Asta o Triangolo?

Come già detto, nel corso della vita, altri turbamenti contribuiscono a formare ciò che siamo ma nulla può evitare che nei momenti di tensione il nostro inconscio perda l'occasione di farci rivivere (*celebrare*) la nostra conflittualità, poiché in questo modo si garantisce, e ci garantisce, stimoli emozionali ed energia vitale, se pur spesso spiacevole per la Logica.

Al povero ferito del nostro esempio del capitolo precedente non rimane che augurarsi che la somma di tutti questi comportamenti porti a qualcosa di costruttivo.

Sicuramente gradirà la vicinanza di uno solo dei personaggi che sono intervenuti.

Uno solo tra aste, cerchi e triangoli sarà oggetto della sua attenzione e ne seguirà le mosse.

Ne sarà stimolato emotivamente...ma questa è un'altra storia.

Attraverso gli strumenti messi a disposizione dalla **Psicologia Analogica** (di *Stefano Benemeglio*) si può leggere chiaramente il linguaggio delle emozioni, attraverso gesti e comportamenti.

Non occorre essere affermati psicologi per comprendere sé stessi e gli altri.

Ad esempio: *prova a ricordare quante persone hai incontrato nella tua vita, che pur non conoscendo didatticamente quanto stai leggendo, erano abili interpreti delle intenzioni altrui. L'espressione tipica di queste persone è: "uhm, questa persona non mi convince, non fidarti".*
Ed infatti aveva ragione!
Questo perché ognuno di noi già sa interpretare quanto stai leggendo, fa parte del nostro "corredo" di vita, solo che lo perdiamo a causa dei condizionamenti.

Non si tratta di curare disturbi comportamentali ma è necessario *"comprendere le leggi che governano l'uomo e il suo comportamento"*. I segnali emessi dall'inconscio sono sotto gli occhi di chiunque e sono un'infinità, basta imparare a leggerli, riappropriandosene.
Ma che cosa possono rappresentare questi tre simboli?

I tre simboli **Cerchio, Asta, Triangolo** si riferiscono esattamente al comportamento umano e all'eterno turbamento (*il turbamento base è originario con il genitore causa, che si riflette nel corso della vita attraverso i vari turbamenti relativi)* che vive l'individuo o, che più precisamente ha vissuto nella sua infanzia e che si è portato inconsciamente al presente.
Questo *"Antico Turbamento"* ci accompagnerà fino alla morte e si manifesterà sempre, inconsciamente, nel nostro vivere quotidiano attraverso, appunto, il nostro inconscio che si esprime mediante il segno, il gesto e il comportamento.
Imparare a decifrare questi messaggi inconsci vuol dire leggere nell'interlocutore come in un libro aperto.
Dato per scontato quindi che ognuno di noi è estremamente sensibile ai tre simboli (*ognuno di noi sarà sensibile in particolare a due di questi tre simboli*) e sapendo che questi tre simboli si riferiscono al turbamento base vissuto dall'individuo nella sua infanzia, nel senso che è stato proprio questo turbamento "congenito" a determinare fra questi tre simboli, i due ai quali sarà sensibile.
Vediamo come si definiscono i simboli stessi dell'individuo, ovvero, in che modo si può capire se un soggetto *"è del simbolo asta, del cerchio o del triangolo"* ed a quali degli stessi risulta più o meno sensibile.

Più avanti nei capitoli, specie nella seconda parte pratica, troverai i tre simboli schematizzati con le relative caratteristiche. Perciò ti suggerisco di leggere quanto segue, senza soffermarti troppo a comprenderne le dinamiche né a memorizzarne le caratteristiche.

> **IMPORTANTE:** come già detto, il simbolo Asta rappresenta il *"simbolo padre"*.
> Con ciò si intende che il *"simbolo padre"* può nella vita (*quella figura paterna di quella persona*) ricoprire un ruolo **non** asta, perciò triangolo o cerchio, nel senso che non è un padre paterno ma un padre materno o egocentrico (*dominato dal simbolo cerchio*). Il dato certo del simbolo triangolo è che esso rappresenta il *"simbolo materno"*, mentre il cerchio riguarda noi stessi o l'identificazione del nostro essere, il nostro egocentrismo, il nostro comportamento egocentrico e giudicante.

Nella quotidianità, in senso pratico, l'individuo **asta** tocca oggetti o persone con la punta delle dita, come fa il cacciavite con la vite, ama appoggiare il volto alla mano tenendo l'indice all'altezza della tempia e il resto delle dita chiuse. È un tipo deciso, ha molto senso critico e non di rado è pure un po' presuntuoso. Ama parlare tirandosi la manica della giacca o della camicia sul braccio, tirando su i calzini, accarezzandosi il collo o toccando la cravatta.

La persona che appartiene al simbolo **cerchio**, tocca oggetti e persone stringendo e serrando, come fa il dado con la vite, usa accostare la punta dell'indice a quella del pollice, come si fa nel gesto che accompagna il segnale di "OK", sollevando un oggetto atteggia le mani a tenaglia.

Può aiutare il prossimo, però si limita a consigliare un'eventuale soluzione dei problemi, senza farsene carico.

La persona che appartiene al simbolo **triangolo** tende ad avvolgere, sollevando l'accendino lo tiene stretto nella mano, oppure, a tavola lo si sorprende mentre accarezza il bicchiere.

Un temperamento protettivo, avvolgente, tende ad aiutare il prossimo intervenendo personalmente, si preoccupa dei pericoli a cui l'interlocutore può andare incontro.

La condotta globale dell'individuo **asta** sarà improntata all'accusa, alla critica, alla colpevolizzazione.

Il soggetto **triangolo** adotta, invece, un comportamento comprensivo, protettivo, materno.

L'individuo **cerchio** è costrittivo, prescrittivo, impositivo.

L'identificazione di ognuno, avviene nei confronti del simbolo conflittuale.

Così un individuo che abbia come alimentatore l'**asta**, manifesterà un rapporto conflittuale con l'autorità e, in genere, con il padre.

Il soggetto con alimentatore **triangolo** ha vissuto una conflittualità materna e l'individuo con alimentatore **cerchio** invece ha un conflitto con sé stesso.

Parlando di soggetto *"asta"* o *"conflittuale padre"* abbiamo sottolineato che la conflittualità è vissuta con l'autorità.

Questo perché, come ha messo in risalto Freud, anche una donna può avere un carattere mascolino a causa del desiderio di possedere un pene.

Desiderio che si è prodotto in conseguenza del rifiuto, da parte della bambina, della presa atto di essere *"***castrata***"*.

Così che si conduce all'affermazione della propria mascolinità e alla fantasia di essere un maschio.

Lo stesso bambino, sempre secondo Freud, attribuisce a tutti gli esseri umani il pene, compreso le donne, e questa convinzione può persistere a lungo.

Particolarmente imperitura è quella legata all'attribuzione del pene alla madre; tale rappresentazione, per altro, può anche *"fissarsi"*, cosa che accade, ad esempio, nel feticismo che risulta una perversione in cui l'uomo non riesce ad accettare l'idea dell'assenza del pene nella donna e si costruisce così un feticcio a forma *"fallica"*, come il piede di una donna.

La sessualità di questi individui, riconosce Freud, può anche rimanere pressoché normale e il feticismo può evidenziarsi solo in maniera allusiva.

Lasciando Freud per il momento per tornare all'espressione comunicativa dei simboli.

Il soggetto può esprimere non solo un "*segnale monovalente*" (*cioè un solo simbolo*), ma anche un "*segnale bivalente*" (*cioè due simboli*).

In altre parole esprime in certe circostanze, sia l'alimentatore (*il suo "segno"*) che lo stimolatore, (*il "segno" che coinvolge la sua emotività*).

Questo accade quando l'interlocutore viene riconosciuto, inconsciamente, dal simbolo egemone (*quello predominante: il terzo "segno" che alberga nel sistema mentale dell'individuo*), come fonte di stimolazione positiva.

RICORDA: *allo stimolo emotivo di qualsiasi natura, il nostro inconscio esprime segnali di gradimento, di rifiuto o tensione attraverso: i gesti, i segni, la postura, tono della voce, mimica facciale ecc...*

In questo libro prendiamo in esame il corpo che esprime **attrazione** *verso lo stimolo e lo fa spostandosi o avanzando in avanti.*

Al contrario esprime repulsione spostandosi indietro.

E' alla ricerca di ciò che gli è mancato e che lo stimola.

Rifiuta ciò che ha ricevuto o del quale non ha bisogno.

Può essere sufficiente però che, affinché sia espresso un segno bivalente venga riconosciuto fonte stimolante anche un solo atto comunicativo estrinsecato dal partner.

Gli atti o gesti iconici, siano o no monovalenti lo ricordiamo, sono ravvisabili in quei movimenti gestuali che presentano un rapporto di similitudine con il referente analogico (*simile-analogo*)cui rimandano.

Così un segno **asta** è ravvisabile nel dito puntato.

Le mani giunte ed aperte a descrivere un **cerchio** o il gesto dell'OK, attuato inconsapevolmente sono indici di un simbolismo cerchio.

Il simbolismo **triangolo** è individuabile nel gesto di unire le dita lasciandole aperte a "*rombo*" oppure nel gesto in cui si uniscono indice e pollice, con le altre dita piegata e vicine all'indice.

Gesto che indubbiamente richiama il comune emblema usato per definire il sesso femminile.

Ekman e Friesen asseriscono che: "*la mancanza di consapevolezza* dell'esecuzione di un emblema da parte dell'esecutore non mette in dubbio l'emblematica del gesto".

Per *Stefano Benemeglio*, invece, il riferimento simbolico di un gesto precede e trascende il suo utilizzo come emblema.

Non sempre un oggetto che, in funzione di una similitudine nella forma, rinvii ad una data referenza, esprime proprio quel simbolismo: *ad esempio, se è vero che la collana richiama il triangolo, se la donna che la indossa la stringe in alto e la tende, indica asta.*

Ora per introdurre il discorso sui segnali bivalenti, dobbiamo prima accennare all'espressione digitale del simbolismo.

Il toccamento **asta** è un contatto effettuato con la punta delle dita, in particolare, con il dito indice.

Il toccamento **triangolo**, per contro, è un toccamento avvolgente, a guaina, fatto a mano aperta, con il pollice parallelo alle altre dita.

Infine, il modo di toccare del **cerchio** è a "*tenaglia*".

Il cerchio stringe e nel toccare oppone il pollice alle altre dita.

I segnali bivalenti coinvolgono sia la digitale (*toccamenti*) che la cinesica (*gestualità*).

Abbiamo detto che nell'atto bivalente viene indicato non solo l'alimentatore, ma anche lo stimolatore.

Ma come distinguerli?

Stefano Benemeglio ravvisa l'alimentatore nel segno costante, immobile, lo stimolante nel segno variabile, dinamico, indicando come "*costante*" perciò, la parte immobile - un dito, un bicchiere, ecc. - e come "*variabile*", la parte in movimento - una mano che accarezza, un dito che penetra.

Ad esempio nel toccamento della cravatta, questa rappresenta la costante e va perciò identificata come alimentatore; la qualità del contatto indicherà invece, quale sia lo stimolatore che, ovviamente, non può che essere triangolo o cerchio (*il primo sarà indicato da un movimento a carezza, il secondo, ad esempio, dall'atto di stringere il nodo*).

Le caratteristiche esposte sono soltanto un accenno sull'argomento che verrà poi meglio descritto.

Come si definiscono questi simbolismi?

Automaticamente! Nel momento in cui noi andiamo a rilevare il nostro turbamento base, cioè la causa dei nostri problemi.

È qui che bisogna fare molta attenzione. Se un giorno qualcuno mi avesse detto che la causa di tutti i miei problemi era mia madre, mi sarei anche potuto offendere a morte. Avrei detto che la mia mamma non mi ha mai creato problemi, anzi, lei è sempre stata molto affettuosa con me, preoccupata dei miei problemi, che addirittura era lei a cercare di risolvermeli, che si angustiava perfino del fatto che io non mi mettessi la maglietta pesante, e ogni volta che uscivo di casa controllava che la maglietta ci fosse.

Solo più tardi mi accorsi che, inconsciamente, avevo imparato a non tollerare la maglietta sulla cute; essa mi procurava un turbamento, non l'avrei più portata per tutta la mia vita.

PARTE SECONDA
SPERIMENTA

CAPITOLO 1
Chi è il tuo inconscio o intelligenza emotiva

Il tuo inconscio, o intelligenza emotiva, è quella parte di te che governa simultaneamente molteplici situazioni.

Evitando di entrare in lussureggianti tecnicismi medici, fisiologici e anatomici, mi limito nel dire che è la parte più antica del nostro cervello, il paleoencefalo e contiene settori specifici deputati alla lettura di ogni stimolo proveniente dal mondo circostante che, per il fatto che viene percepito, provoca una reazione che dai nostri antichissimi progenitori riconduce ai meccanismi primordiali, istintuali e atavici, che sono serviti sino ad oggi a tutelare e garantire l'evoluzione e la conservazione della specie umana, sia in senso qualitativo che quantitativo.

E' quella parte di noi che, agli albori della specie umana, ci ha permesso di scendere dagli alberi sino ad arrivare sulla luna.

La neocorteccia deputata a gestire la parte logica si è sviluppata più tardi.

Durante i miei seminari mi soddisfa proiettare un'intervista fatta da Fabio Fazio allo scienziato premio Nobel R.L. Montalcini la quale alla domanda: " ...*in quale campo scientifico bisognerebbe concentrarsi... quale è la conquista che ritiene più urgente?*", lei risponde: " *è quella che veda in futuro, un completo controllo del nostro modo d'agire dell'uomo, per riuscire a gestire la parte più antica del cervello, quella emotiva, detta il globo limbico che ha salvato l'uomo sapiens quando è sceso dagli alberi, oggi questa componente è pericolosa poiché la ritengo responsabile di tutto quanto di tragico capita attorno a noi, non è la componente cognitiva-neocorticale ma la componente emotiva...tragedie che possono portare all'estinzione della specie, derivano che molte volte, prende il controllo del nostro comportamento la parte emotiva*".

Sintetizzando, lo scienziato, ha dichiarato che la scoperta da fare è quella che veda l'uomo riuscire a dialogare e gestire la sua istanza emotiva per evitare tragedie che potrebbero portare all'estinzione della specie.

Perciò specie questo che stai leggendo risulta essere uno degli strumenti più efficaci per riuscire a comunicare, collaborare e gestire la tua istanza emotiva.

Mi piace paragonare il meccanismo di questa tecnica a quello dell'hard disk del computer in cui si cercano e si trovano, oltre ai file che utilizzi quotidianamente, anche quelli che hai cancellato più o meno volontariamente.

Quei file, corrotti, danneggiati, cancellati o sovrascritti possono essere revisionati solo da un esperto in grado di utilizzare dei software capaci di scovarli ed eventualmente ripristinarli.

Quell'esperto potresti essere tu stesso, se sai come fare.

Questo tipo di comunicazione consiste nell'essere anzitutto uno strumento non fine a sé stesso, bensì funzionale al soddisfacimento del desiderio **Reale**, non presunto (*spinto dai condizionamenti*).

Infatti l'inconscio non subendo i meccanismi di difesa propri della parte logica, può esprimersi liberamente. La persona, invece, razionalmente, proprio a causa dei complessi e condizionamenti: sensi di colpa, rimorsi, rancori inespressi e quant'altro, potrebbe non dichiarare la verità oppure falsare la cognizione di causa-effetto a tal punto da rimuovere le accuse della sua sofferenza. Proprio da queste risultanze frustranti provengono quelle reazione rabbiose, di conflitto, di predominio alle quali si riferiva lo scienziato anzidetto.

Perciò il dialogo costante con l'inconscio, più che un atto estemporaneo e sporadico, dovrebbe divenire uno stile di vita, una vera e propria filosofia del vivere.

Per chi aspira ad un equilibrio fra le due istanze Logica e Inconscia/Emotiva, l'ideale sarebbe trattare il proprio inconscio come fosse il suo Bambino, che ha le sue esigenze ma con difficoltà riusciamo a comprenderle considerata la nostra non più giovane età Logica.

L'inconscio proprio come un bambino è "semplice" e si esprime con **SI** o **NO**, mi piace non mi piace, vero o falso ma non può esprimersi ne comprendere termini come: positivo o negativo, meglio o peggio in quanto risulta di deduzione Logica.

Come un bambino fa i capricci se non riusciamo a comprenderne e soddisfarne le sue esigenze e se lo trascuriamo ci renderà la vita un vero caos.

Perciò farà di tutto per creare quelle condizioni che ci porteranno a creare situazioni emozionali spiacevoli/frustranti per la logica ma a lui tanto gradite quanto quelle piacevoli. La differenza è che le situazioni-eventi spiacevoli risultano di facile ricordo: *basti pensare alla capacità che ognuno ha di ricordare, con più facilità, eventi spiacevoli piuttosto che quelli gradevoli.*

Quanti individui scelgono di intraprendere strade passionali o professionali spinti dal dovere di riconciliarsi con i propri genitori piuttosto che per rendere loro un dispiacere?

Un figlio con un padre pressante, che lo giudica o non lo stima a sufficienza, molto probabilmente proverà ad emularlo oppure le proverà tutte per rendergli dispiacere.

Ma è mai possibile, c'è da chiedersi, che in quanto individui perfetti, o generati per esserlo, creati ad immagine e somiglianza di Dio, potendo: *compiere miracoli più grandi di quelli che compii lui stesso (*ci fu scritto dal figlio di Dio) e aggiungendo che siamo il risultato vincente di una miriade di spermatozoi, dove uno solo riuscì a raggiungere la meta, dico: *è mai possibile che dobbiamo perseverare nel limitare le nostre scelte in base ai condizionamenti?*

Ti sei mai chiesto come mai alla base di un tuo apprendimento di un'esperienza vi sia, poi, una naturale capacità di riproporla più volte senza sforzarti di pensare ai vari passaggi per compierla? Cioè in maniera automatica e naturale!

Potrei farti una serie di esempi ma mi limiterò a descriverne solo uno: *prova a ricordare i momenti in cui ti trovavi a dover apprendere il modo per poter guidare l'automobile. La sola azione dell'accomodarti sul sedile ti faceva battere il cuore, a seguire ripassavi mentalmente e fisicamente i vari passaggi successivi; spostare il sedile, lo specchietto retrovisore, indossavi le cinture, inserivi la chiave, controllavi la marcia che fosse posizionata su folle...e così via.*

Già dopo qualche mese avevi acquisito il meccanismo base per guidarla.

Oggi, sei in grado di guidare, parlando al telefono, magari con una sigaretta nell'altra mano, ascoltando musica e se qualcuno ti attraversa la strada sei in grado di frenare prontamente.

La tua intelligenza emotiva gestisce tutto, anche se non te ne accorgi.

Quando stai parlando con qualcuno e inavvertitamente poggi la mano su un piano rovente, all'istante ritrai la stessa mano che ha percepito l'anomalia, allontanandola dal "pericolo" di dolore e ustione. Eppure non te ne eri accorto, o meglio, la tua istanza logica era disattenta mentre quella inconscia istintivamente ti ha "salvato" dal pericolo.

Perciò nella nostra mente se da una parte abbiamo una istanza Inconscia-Emotiva dall'altra abbiamo quella Logica-Riflessiva.

Quella Inconscia si nutre di emozioni, sono il suo cibo vitale, emozioni belle o brutte, piacevoli o spiacevoli non fanno differenza. Un matrimonio o un funerale sono la stessa cosa. Chi è deputata a fare questa differenza è l'istanza Logica.

La prima predilige il collegamento fra percezioni emotive in relazione-affinità tra alcuni elementi costitutivi di due fatti/oggetti costituenti evento presente con quelli passati.

Collega lo stimolo emotivo esterno a precedenti esperienze vissute con la funzione di generare una risposta **Istintuale.**

L'istanza Logica invece tramite il Sillogismo attua un ragionamento deduttivo con principio di convenienza e discrepanza in intuizione astratta. Fa leva sull'argomentazione in cui si rapportano due termini ad un terzo elemento, al fine di definire un rapporto che unisce i due termini fra loro.

Se durante un dialogo la tua istanza Logica è sensibile a percepire solo la parte verbale ed estetica, la tua istanza Inconscia è sensibile e sta immagazzinando l'80% in più di informazioni.

Se la tua istanza Logica si esprime col ragionamento attraverso la parola, il tuo Inconscio si esprime tramite tanti canali, non oggetto di questo libro, e sono: i gesti, i suoni, i lapsus, il movimento del corpo; in parole povere, lo fa attraverso la Comunicazione non Verbale, il Linguaggio del Corpo e dei Gesti, teoria divenuta oramai scienza che presenta da anni veri e propri modelli di comunicazione efficace e vincente.

Concludo questo capitolo proponendoti di ricordare: *quel momento in cui, dopo tanti anni, sei entrato in una scuola materna; cosa hai percepito? Cosa è accaduto dentro di te semplicemente percependo quegli odori particolari e quel vociare dei bambini? Un po' come quando percepisci l'essenza del profumo che usava il tuo "amore" particolare…per un attimo ti assenti, sei altrove, sei entrato in ipnosi.*

Questo libro invece nonostante tratti le basi dell'ipnosi dinamica, propone dei concetti e schemi con lo scopo di **Deipnotizzare**. Questo poichè è oramai assodato che la maggior parte degli individui vive la propria vita in uno stato ipnotico, condizionato e manipolato.

CAPITOLO 1.1

SENSIBILIZZA IL TUO INCONSCIO

Sensibilizzare l'inconscio significa trovare una chiave d'accesso per comunicare con lui in maniera chiara e diretta. **Non** a senso unico bensì in maniera interattiva.

Leggerai più avanti che non si tratta solo di porgli delle domande bensì di un vero e proprio dialogo interattivo; mediando, negoziando e proponendogli compromessi al fine di ottenere il suo completo appoggio per la realizzazione i tuoi obiettivi.

Come già detto l'inconscio è ghiotto di stimoli emozionali, come un bambino in cerca di divertimento.

Per questo motivo prima di qualsiasi richiesta, negoziazione, compromesso o mediazione con lui (*che vedremo più avanti nei capitoli*) è importante: proporgli, promettergli e garantirgli stimoli emotivi appropriati rivivendo eventi emotivamente forti.

In questo capitolo tratteremo la modalità di sensibilizzazione come fosse la composizione del "*prefisso telefonico*" per chiamarlo, cioè mettersi in contatto con lui.

Vi sono molti modi per sensibilizzarlo ma per comprendere meglio i vostri condizionamenti mi limiterò a presentarvene alcuni.

Il primo è quello **Simbolico**, ideato da *Stefano Benemeglio* già negli anni novanta e si basa sulla visualizzazione di tre figure geometriche: Cerchio, Asta e Triangolo, dove simbolicamente rappresentano archetipicamente, in ordine: te stesso, papà e mamma.

Il secondo, quello **Induttivo Metafisico**, ideato dallo stesso Benemeglio nel 2015 si basa sul movimento del braccio, dove si noterà che un braccio risulterà induttore (*cioè farà oscillare istintivamente e non volontariamente il corpo in avanti*) e l'altro braccio risulterà, invece, negoziatore (*cioè oscillerà il corpo indietro*).

71

IMPORTANTE: Entrambi è necessario utilizzarli sempre all'inizio di ogni approccio col proprio inconscio, scegliendo uno o l'altro.

E' doveroso da parte mia precisare che normalmente assumendo la posizione ortostatica (*che utilizzerai come in fig.1*) in ragione degli atti respiratori il tuo corpo tenderà ad oscillare in avanti o indietro. In seguito vedrai che con un po' di pratica e in seguito a ripetute sensibilizzazioni, sarai in grado di stabilire la portata dei movimenti conseguenti le domande che porrai al tuo inconscio.

Le prime volte ti suggerisco di farti affiancare da qualcuno.

Per esperienza posso dirti che la risposta (*cioè il movimento più o meno accentuato del corpo*) risulta prettamente soggettiva ma con un po' di pratica le risposte saranno più marcate.

Così come nel Linguaggio del Corpo possiamo rilevare che l'interlocutore sta dicendo la verità se affermando verbalmente qualcosa avanza col corpo, allo stesso modo è più comodo stabilire il dialogo con noi stessi.

Perciò il nostro Inconscio, attraverso il nostro corpo, "*tradisce*" le nostre vere intenzioni ma non lo fa perché vuole tradirci bensì per comunicarci e per comunicare le nostre ed altrui Reali intenzioni.

Spesso non si tratta di mentire ma di attuare delle risposte per evitare di deludere le aspettative degli altri, contro il nostro ed altrui bisogno. E questo il nostro Inconscio ce lo fa percepire per rispetto di noi stessi e dell'interlocutore.

Altresì è opportuno che tu rilevi che l'oscillazione in avanti del corpo significa che quello stimolo-simbolo proposto è ricercato dal tuo inconscio, al contrario non lo sopporta, lo rifiuta.

Perciò, diamoci da fare e iniziamo.

a) **Sensibilizzazione Simbolica**:
la posizione più semplice e più corretta è quella che vedete in **figura 1**.

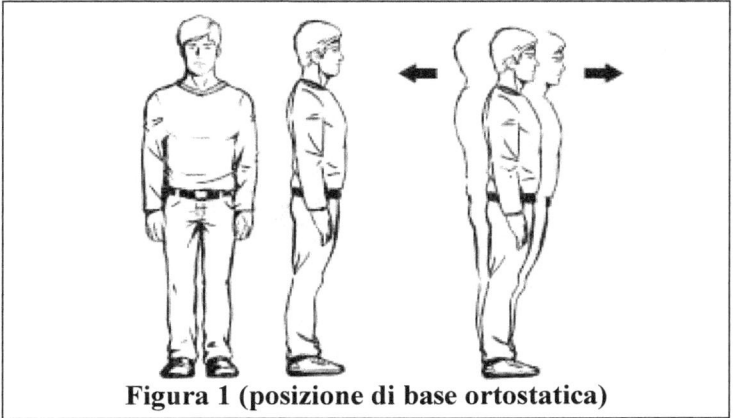

Figura 1 (posizione di base ortostatica)

Per **sensibilizzare** con i simboli puoi scegliere uno dei seguenti modi:

1) Disegnali su foglio di carta, un simbolo per ogni foglio (**vedi figura 2**);
2) Visualizza ad occhi chiusi gli stessi simboli, uno per volta, magari sostituendoli con oggetti che riportano agli stessi simboli ad es: cerchio=sole, asta=obelisco, triangolo=piramide;
3) Se puoi farti aiutare da qualcuno, lo stesso si posizionerà a circa un metro da te e ti proporrà con le sue mani, uno per volta, i tre simboli (**vedi figura 3**) avanzando da un metro sino al tuo naso;
4) Puoi trovare su youtube (video test personalità massimo pisani).

Figura 2 (da disegnare singolarmente su foglio)

| TRIANGOLO | ASTA | CERCHIO |

Figura 3 (da utilizzare con un collaboratore)

Ciò fatto avrai constatato che il tuo inconscio, in base al simbolo proposto, avrà fatto oscillare il tuo corpo in avanti (*cioè ha gradito e lo ricerca*) o indietro (*non gradisce e prova repulsione*), o magari resta fermo (*neutro*). Più avanti nel libro troverai il significato più approfondito in base al tema trattato nei capitoli corrispondenti.

Così come anticipato, l'altro modo di sensibilizzare è:

b) **Sensibilizzazione Metafisica**:

per sensibilizzare col braccio poniti nella stessa posizione del precedente (**Fig.1**), chiudi gli occhi, braccia distese lungo i fianchi e inizia a muovere energicamente la mano, il movimento ideale è ad es. immaginando di avere un bracciale al polso da far ruotare. Partendo dal braccio destro ti fermerai nel momento in cui noterai un lieve spostamento del corpo, o indietro o in avanti.

Una volta fermato ti accorgerai che: il corpo oscillerà in avanti se quel braccio risulterà **Induttore**, cioè gradito al tuo inconscio, al contrario sarà quello **Negoziatore**, cioè "*non gradito*".

IMPORTANTE: *nel caso in cui l'esito risultasse confuso, ad esempio con entrambi oscilli in avanti e/o indietro, non demordere, riprova più volte o chiedi ausilio a qualcuno che ponendosi di fronte a te dovrà muovere il suo braccio, nascondendo dietro il suo corpo l'altro, notando se oscillerai in avanti o indietro.*

Oltre ad essere attuato come sensibilizzazione, leggerai più avanti, ti servirà per comprendere profonde caratteristiche comportamentali presenti in te ma specie negli altri.

Una volta percepita la sensibilizzazione, cioè hai notato che il tuo inconscio attraverso il tuo corpo risponde agli stimoli proposti, puoi iniziare il dialogo vero e proprio a seconda dell'obiettivo da raggiungere.
Da neofita ti suggerisco inizialmente di limitarti a proporre domande semplici e, in base a quanto hai letto sino ad ora, scorrendo i vari capitoli prendi spunto da ciò che vuoi conoscere di te e interroga di conseguenza il tuo Inconscio.

CAPITOLO 1.2

PARTI DAL TUO NOME E CHIEDI CIO' CHE VUOI

Dopo aver effettuato una delle due sensibilizzazioni, la prima domanda da fare, se pur scontata, ti servirà a calibrare al meglio il dialogo attraverso la naturale ed istintuale ondulazione del tuo corpo.

IMPORTANTE: poniti in un atteggiamento solenne, come di preghiera, lasciando rispondere il tuo IO, come se ci fosse qualcun altro nella tua mente.
Perciò non dovrai rispondere **VOLONTARIAMENTE**.
Ti suggerisco altresì di leggere l'intero capitolo, comprenderlo e poi iniziare con la pratica.

Ponendoti in posizione classica (**fig. 1**) con gli occhi chiusi e gambe leggermente divaricate, inizia con il tuo nome;

---

1) *"caro inconscio, vero o falso che il mio nome è...* (dire il proprio nome*), SI o NO? Se SI mi spingerai il corpo in avanti altrimenti indietro, attendo risposta"*.

A risposta affermativa ottenuta, cioè risponde di SI spostando il vostro corpo in avanti, ponetegli una domanda non corrispondente al vero:

---

2) *"caro inconscio, il mio nome è...* (inventate un nome), *SI o NO? Attendo risposta"*.

A questo punto se al vostro nome reale (*di battesimo e se avete più nomi provateli tutti*) ha risposto affermativamente, mentre al nome inventato ha risposto negativamente, avete già impostato il dialogo.

Nel caso in cui ciò non sia accaduto provate con i luoghi, ad esempio se vi trovate a Brindisi, chiederete:

1) *"Caro inconscio, in questo momento mi trovo a Brindisi, SI o NO? Attendo risposta".*
2) *"Caro Inconscio, in questo momento mi trovo a Milano, SI o NO? Attendo risposta".*

Nel caso in cui tu decida di farti assistere o proporlo a qualcuno la formula sarà:

1) *"Caro inconscio di*...(dire il vero nome), *vero o falso che il tuo nome è*...?(ripetere il nome vero) *Se SI gli spingerai il corpo in avanti altrimenti indietro. Attendo risposta";*
2) *"Caro inconscio di*...(dire il vero nome), *vero o falso che il tuo nome è*...? (inventare un nome) *Se SI gli spingerai il corpo in avanti, altrimenti indietro. Attendo risposta".*

TI RICORDO: la sensibilizzazione (Simbolica o Metafisica) e la calibrazione (*con il nome*) è necessario effettuarla ogni volta che iniziate un dialogo con l' inconscio.

CAPITOLO 1.3

SCOPRI LA CONFLITTUALITA' GENITORIALE

Annota su un foglio il simbolo geometrico che fa oscillare il tuo corpo in **avanti**, cioè il simbolo **gradito** dal tuo inconscio ricordandoti (*anche se in realtà il tuo inconscio lo ha già memorizzato*) che archetipicamente: **ASTA** sta per **Papà** (*carattere impositivo, indica possibili soluzioni*), **TRIANGOLO** stà per **Mamma** (*comportamento protettivo, comprensivo, paziente e risolutore delle difficoltà*) e **CERCHIO** stà per **Te Stesso** (*egocentrismo, non da soluzioni ma le indica offrendo consigli*).

Poniti in posizione classica **(fig.1)** ad un metro circa dal simbolo e osservane uno per volta.

Ciò fatto avrai constatato che in base al simbolo proposto il tuo inconscio avrà fatto oscillare il tuo corpo in avanti (*cioè ha gradito e lo ricerca, equivale al SI*) o indietro (*non gradisce e prova repulsione, equivale al NO*), o resta fermo (*neutro*).

Per questo test, puoi scegliere uno dei seguenti modi:

1) Disegnali su foglio di carta, un simbolo per ogni foglio (*come da fig. 2*);

2) Visualizza ad occhi chiusi gli stessi simboli, uno per volta, oppure oggetti che riportano per forma ai simboli, ad es: cerchio=sole, asta=obelisco, triangolo=piramide;

3) Se puoi farti aiutare da qualcuno, si posizionerà a circa un metro da te e ti proporrà con le sue mani, uno per volta, i tre simboli (*vedi fig. 3*) avanzando da un metro sino al tuo naso, in questo modo prendi in esame il SI e il NO del tuo corpo quando il simbolo viene verso di te;

4) Puoi trovare su youtube (video test personalità massimo pisani).

Inizia col CERCHIO e a seguire gli altri 2 simboli.

Se al CERCHIO oscilli in avanti è importante verificare gli altri 2 simboli, poiché con il simbolo che oscillerai indietro ne risulterà la tua conflittualità (*di base genitoriale*): ASTA con papà, TRIANGOLO con la mamma (*vedi conflitto base capitolo 1.6 parte prima*).

Se invece al CERCHIO hai oscillato indietro, significa che la tua conflittualità base si è evoluta in ego (*vedi evoluzione conflitto capitolo 1.6 parte prima*) e il simbolo che ti ha fatto oscillare in avanti risulterà la nuova "*conflittualità*" di riferimento che, di solito, sottoponi al giudizio ma che ti attrae fortemente. (*vedi caratteristiche ASTA – TRIANGOLO capitolo 1.7 parte prima*).

Ciò fatto, ti sarà più chiaro il motivo per cui sei attratto da individui che si presentano come veri e propri "*dittatori*" piuttosto che come accomodanti "*zerbini*". Magari avrai altresì intuito il motivo che ti spinge a comportarti in un certo modo.

Sono certo che la tua innata propensione a gestire tutto e tutti, magari sempre allo stesso modo, dopo aver letto questo libro lascerà spazio alla capacità di riconoscere negli altri quegli atteggiamenti simbolici che ti procurano "*dispiaceri*", gioie e dolori, dai quali non riuscivi a fuggire.

Ma entriamo nello specifico, per riassumere:

Per determinare la tua conflittualità di base:
davanti a quale immagine proiettata hai percepito una repulsione, quindi sei indietreggiato più o meno nettamente rispetto al simbolo?

Se **ASTA**

Assumi il comportamento ideale che avresti voluto riscontrare in tuo padre. Hai un atteggiamento assertivo e giudicante ma temi al contempo il giudizio altrui.

Ti realizzi nella relazione di coppia anche se dedichi molte energie al lavoro.

Cerchi il conflitto con gli uomini con i quali mantieni sempre un certo distacco e non perdi occasione di misurarti in tutte le attività che consentono una competizione diretta e antagonistica.

Con i soggetti femminili hai un buon rapporto ma devi attenuare la tua predisposizione all'aggressività e all'eccessivo spirito critico per migliorare le tue relazioni.

Se **CERCHIO**

Hai un comportamento tendenzialmente narcisistico ed egocentrico.

Non è stato facile, per te, crescere in mezzo ai conflitti che vivi con te stesso/a.

Devi cercare di partecipare di più al mondo che ti circonda, non limitarti ad osservarlo per trarne conclusioni che tendi spesso a dividere con il prossimo dispensando consigli e indicazioni, troppo semplice!

Non ami la competizione diretta, cerchi piuttosto di metterti in mostra magari realizzando grandi progetti per dimostrare la tua bravura.

Limita per quanto è possibile il tuo narcisismo e poni più attenzione agli altri, non tutti meritano la diffidenza che provi.

Se **TRIANGOLO**

Assumi il comportamento ideale che avresti voluto riscontrare in tua madre.

Hai un atteggiamento protettivo e giudicante ma temi al contempo il giudizio altrui.

Ti realizzi nella famiglia spesso a discapito della tua autorealizzazione.

Cerchi il conflitto con le donne con le quali mantieni sempre un certo distacco e non perdi occasione di misurarti in tutte le attività che consentono una competizione diretta e antagonistica.

Con i soggetti maschili hai un buon rapporto ma devi gestire la tua predisposizione a un comportamento troppo materno che a volte può risultare fastidioso.

Per determinare il tuo stimolatore penalizzante (che ti attrae): davanti a quale immagine proiettata hai percepito un'attrazione, quindi sei avanzato più o meno nettamente verso il simbolo?

ASTA - alla ricerca di giudizi –

Il tuo inconscio ti porta alla ricerca di un giudizio negativo, magari espresso con toni decisi, per provare l'emozione di subire.

Ti agganci alle persone che sono in grado, per tratti della loro personalità, di farti riprovare questa emozione.

Un meccanismo che si è formato nella tua infanzia e che non puoi contrastare logicamente. Devi gestire questa tua predisposizione, innanzitutto conoscendoti meglio.

Il tuo partner ideale avrà sicuramente la tendenza a giudicarti e questo ti coinvolgerà più di ogni aspetto fisico che puoi rilevare solo a livello logico.

Un partner giudicante, e a volte anche mortificante, è irresistibile per la tua parte emotiva.

E' un gioco relazionale molto sottile, devi assolutamente imparare a conoscerlo per evitare di trovarti in situazioni difficili da gestire.

CERCHIO - alla ricerca di indicazioni e consigli –

La tua parte emotiva si coinvolge facilmente con le persone che dispensano consigli a piene mani.

Sei sensibile al parere altrui e lo ricerchi prima di prendere qualunque decisione.

Non si tratta necessariamente di insicurezza, il tuo inconscio ricerca l'emozione prodotta da un comportamento indicativo ma... da parte di persone che se ne guardano bene, poi, di partecipare al progetto.

Sarai tu a farti parte attiva nello svolgere il compito, dopo aver attentamente ascoltato i consigli.

E' facile quindi capire che corri il rischio di coinvolgerti con partner narcisisti ed egocentrici, devi imparare a gestire questa tua predisposizione emotiva.

TRIANGOLO - alla ricerca di protezione -

Il tuo inconscio è alla ricerca di un partner molto materno, protettivo.

Ti agganci alle persone che sono in grado, per tratti della loro personalità, di farti provare l'emozione di essere coccolato e al centro dell'attenzione.

Il tuo partner ideale avrà sicuramente la tendenza a sostituirsi a te nei compiti.

Questo comportamento ti coinvolge più di ogni altro aspetto, anche fisico.

Un partner materno e protettivo, a volte anche mortificante nel sostituirti, è irresistibile per la tua parte emotiva.

E' un gioco relazionale molto sottile, devi fare attenzione perché il tuo inconscio cercherà sempre di condurti in situazioni in cui avrai bisogno di aiuto.

Le persone che ti offriranno protezione, e a cui non saprai dire di no, e avranno un grande potere su di te.

Per concludere eccoti svelato il motivo per cui, in seguito alla relazione con i tuoi genitori, hai scelto i tuoi amici e definito i nemici, così come la scelta del partner ideale, il datore di lavoro ecc... Tanto quanto sei ancora legato a quell'ombelico genitoriale, crederai di aver amato invece magari hai solo utilizzato quel partner per soddisfare emotivamente le tue esigenze inappagate, cioè avrai preso *"fischi per fiaschi"* ripercorrendo scelte per poter rivivere quei conflitti non risolti che ti hanno reso energia emozionale sotto forma di turbamenti già vissuti.

CAPITOLO 1.4

SEI ESSERE O AVERE?

Riprendendo quanto già scritto nel capitolo 1.4, parte prima:
Il distonico dell'Essere (*rende difficile il facile attraverso l'inutile*) è un distonico che tende a desiderare le cose in quanto ha un vincolo al possesso che gli impedisce di possederle, questo lo costringe a vivere un continuo stato di desiderio.
Si riconosce dal fatto che usa molto il verbo essere, mira più alla qualità che alla quantità e impiega diverso tempo per decidere cosa vuole o come ottenerlo. Nella relazione sociale risulta assumere un comportamento passivo (*ruolo down*) e usa l'affetto per poter avere sesso, eventuali inefficienze sono auto attributive: "*è colpa mia!*".

Il distonico dell'Avere (*rende troppo facile il difficile attraverso l'utile o indispensabile*), al contrario del precedente vuole possedere le cose in quanto ha un vincolo al desiderio che gli impedisce di desiderare le cose.
Questo crea la ricerca della quantità a scapito della qualità e crea uno stato di continuo "*arraffare*". Si riconosce dal fatto che usa soprattutto il verbo avere e nelle relazioni assume un comportamento attivo (*ruolo UP*). E' quello che vuole tutto subito e anche di più , dà sesso per avere affetto mentre le inefficienze in questo caso sono etero attributive: "*è colpa degli altri*".

C'è da dire che un soggetto non avrà mai un aspetto assoluto di una di queste distonie ma ne avrà una che risulterà essere predominante sull'altra.
Ciò premesso solo al fine di chiarire che un individuo equilibrato è necessario che alterni la promozione di una caratteristica o l'altra in base al suo ciclo esigenziale di vita.

La predominanza di una piuttosto che l'altra pone l'individuo nell'incapacità di sfruttare al meglio le occasioni che gli si presentano, tergiversando su alcune o buttandosi a capofitto su altre.

Riconoscere con consapevolezza il proprio meccanismo distonico (se **Essere** o **Avere**) può evitarti manipolazioni da parte di chi intende ottenere un proprio tornaconto a tuo discapito o di persona a te cara.

Come già elaborato nel capitolo 1.4 parte prima, la tua distonia (*differenza fra esigenza e appagamento*) è frutto di un vissuto esigenziale in tenera età specie con i tuoi genitori dove hai dovuto giudicare uno di loro come "*cattivo*", cioè non in grado di soddisfare a pieno le tue esigenze rispetto l'altro genitore.

Ecco che il risultato di questo test ti svelerà in base alla risposta del tuo inconscio se risulti prevalentemente dell'Essere o dell'Avere:

    a. Procedi con:
        1) **Sensibilizzazione Simbolica** (*fig. geometriche*) o **Metafisica** (*braccia*);
        2) **Calibrazione** (*tuo nome*), così come nel capitolo precedente.
    b. Perciò, mettendoti in posizione classica (**fig. 1**) con gli occhi chiusi e gambe leggermente divaricate, inizia con:

---

1) "*caro inconscio, risulto prevalentemente distonico dell'ESSERE o dell'AVERE, dell'ESSERE, SI o NO? Se SI mi spingerai il corpo in avanti altrimenti indietro, attendo risposta*";

A risposta affermativa o negativa ottenuta, cioè risponde di SI o NO sbilanciando il vostro corpo in avanti o indietro, ponetegli come contro prova la distonia opposta (*cioè dell'Avere*) utilizzando la stessa formula (*nonostante per la regola del verso ed inverso è scontato che se alla prima vi ha risposto di SI alla seconda vi risponderà di NO*).

Per la regola del verso e dell'inverso, ottenuta la prima risposta ne ricaverete automaticamente la seconda.

Per avere conferma procedi con la sensibilizzazione **Metafisica** mediante le braccia.
Se il braccio destro risulterà induttore (*cioè quello gradito, ergo il corpo oscilla in avanti*) sarai sicuramente dell'**Essere** (*anche se in crisi*).
Al contrario sarai dell'*Avere*.

Per darvi giusta prova di quanto finora esposto, spingiamoci oltre, osiamo…

CAPITOLO 1.5

DOVE RISULTI DISTONICAMENTE DIFETTOSO?

Come già descritto nei capitoli precedenti: che per ogni individuo è necessario gestire al meglio (*incondizionatamente*) i quattro punti (*distonici*), scopri subito in quali dei seguenti punti la tua distonia Essere o Avere non risulta idonea in quanto ne vizia la corretta gestione.

I quattro punti sono la gestione dei:

1) *Rapporti con la famiglia d'origine e acquisita;*
2) *Rapporti sentimentali e affettivi;*
3) *Rapporti sessuali e passionali;*
4) *Rapporti Autorealizzativi, hobby e lavoro.*

Quotidianamente proprio su questi quattro punti ogni individuo mette alla prova le sue capacità.

La corretta gestione darà soddisfazione al contrario risulteranno dei blocchi degli attriti.

Vorrei precisare che il termine – corretta gestione – sul primo punto famiglia d'origine e/o acquisita, ad esempio, non significa ottemperare e sottostare alle richieste dei componenti familiari bensì adottare una corretta gestione tesa ad evitare di essere fagocitati in situazioni evitabili. Significa essere disponibili nei casi necessari ma significa anche dispensare dei "NO".

Sappi che mentre stai sprecando energie in uno o più dei su elencati punti è molto probabile che non te ne restino per quei punti dove sarebbe opportuno impegnarsi maggiormente. Significa che la tua distonia *Essere* o *Avere* se risulta idonea a gestire uno o più di quei punti non lo è per i restanti, anzi può risultare deleteria.

Ad esempio, se un distonico *Essere* tipicamente accurato e a tratti pignolo potrebbe ricoprire ruoli lavorativi (*punto 4*) dove quelle caratteristiche risultano preziose, la stessa distonia nel punto 2 e 3 potrebbe risultare un po' "*asfissiante*" tanto da perdere magari il partner della sua vita.

A questo punto hai scoperto la tua distonia, se Essere o Avere, adesso scopri in quale dei quattro punti risulta deleteria.

> 1. Procedi con la:
> a. Sensibilizzazione **Simbolica** o **Metafisica**;
> b. Calibrazione, come nei capitoli precedenti, (*se non l'hai già fatto*).

Perciò, mettendoti in posizione classica (**fig 1**) con gli occhi chiusi e gambe leggermente divaricate, inizia con:

> 1) *"caro inconscio, in quale dei 4 punti la mia distonia* (essere o avere) *risulta difettosa?*
> 2) *Nel primo punto, SI o NO?*
> 3) *Nel secondo punto, SI o NO?"*. *E così via sino al quarto punto.*

Ti suggerisco d'aver cura nell'annotare le risposte alla fine del dialogo, meglio se facendoti assistere da qualcuno.

Alcune risposte potranno risultare delle conferme a quanto già sapevi mentre altre meno. Ti suggerisco di prenderne atto e continuare a leggere questo libro al fine di chiudere il cerchio con l'obiettivo di individuare le tue false certezze e le tue vere incertezze.

Dopo aver effettuato questo test confrontalo, arricchendolo, con la descrizione già fatta nel capitolo 1.4 parte prima, traendone spunto per migliorare la tua autoconsapevolezza che inevitabilmente ti aiuterà a calibrarti meglio.

RICORDA: se sei dell'Essere, ricerchi sesso e in cambio dai affetto.
Se sei dell'Avere ricerchi affetto e in cambio dai sesso.

Un soggetto assai sensuale, provocante, esuberante, facile al sesso, in realtà da sesso per ricevere dosi effimere di affetto.

L'*Essere* parte dall'Amore (*o affetto*) per arrivare al Sesso – l'*Avere* parte dal Sesso per arrivare all'Amore (*o affetto*), in sostanza, il primo da Affetto in cambio di Sesso, l'altro da Sesso in cambio d'Affetto.

CAPITOLO 1.6

IL GRILLO E LUCIGNOLO
Chi dei due è necessario promuovere?

E' opportuno sviluppare le fasi o i cicli della propria vita al meglio in base a se: hai bisogno di trasgredire (*alcune regole o situazioni*) o al contrario di seguire vecchie o nuove regole comportamentali.

Una donna o un uomo dedicatosi per anni alla famiglia, oramai indipendente, appurato il tradimento del coniuge e relativo abbandono (*magari per decesso*), si ritrova incapace di divertirsi e segnare un nuovo e frizzante ciclo meritatissimo della sua vita.

Al contrario uomini o donne ad una certa età che non riescono loro malgrado ad instaurare un rapporto duraturo e appagante col partner.

Perché accade ciò?

E' probabile che non si è in grado di comprendere il motivo che non permette di trasgredire.

Probabilmente non si trasgredisce poiché si andrebbe incontro all'inevitabile senso di colpa o abbandono nei confronti di persona cara, figli, madre, padre, amico del cuore, rischiando di essere tacciati di follia.

Significherebbe perseguire il senso del piacere a discapito degli altri.

Al contrario dopo una vita di divertimento sfrenato e diversi partner "*mettendo la testa sulle spalle*" non ci si sentirebbe più efficienti ed esuberanti, con il conseguente calo dell'autostima che cadrebbe sotto i colpi delle regole da seguire.

Gli amici di avventura lo prenderebbero in giro.

Scoprire quando accadde quell'evento trasgressivo da non ripetere o, al contrario, che ti salvò da brutte figure è la chiave che ti permette oggi di scegliere a chi chiedere aiuto, se al Grillo o a Lucignolo.

E allora all'azione:

a) **Sensibilizzazione Metafisica**:
per sensibilizzare col braccio poniti nella posizione di base (**Fig.1**), chiudi gli occhi, braccia distese lungo i fianchi, inizia a muovere energicamente la mano, (*il movimento ideale è ad es. immaginando di avere un bracciale da far ruotare*). Partendo dal braccio destro ti fermerai nel momento in cui noterai un lieve spostamento del corpo, o indietro o in avanti. Una volta fermato ti accorgerai che il corpo andrà in avanti, se quel braccio risulterà **Induttore**, cioè gradito al tuo inconscio, al contrario sarà quello **Negoziatore**, cioè non gradito.
Nel caso in cui l'esito risultasse confuso riprova più volte o chiedi ausilio a qualcuno che ponendosi di fronte a te dovrà muovere il suo braccio, nascondendo dietro il suo corpo l'altro, e dovrà notare se oscillerai in avanti o indietro con uno o l'altro braccio.

Se vai in avanti col braccio destro: il tuo inconscio ti comunica che sei in una fase Istituzionale dove prevale e ricerca il Grillo, le regole.
Se vai in avanti col braccio sinistro: il tuo inconscio ti comunica che sei in una fase Trasgressiva, dove prevale e ricerca Lucignolo.

Entriamo nello specifico:
    a. Procedi con:
        1) Sensibilizzazione **Metafisica**;
        2) **Calibrazione** (*come nel capitolo precedente, se non l'hai già fatto*).
    b. Perciò, mettendoti in posizione classica (*fig. 1*) con gli occhi chiusi e gambe leggermente divaricate, inizia con:

"caro inconscio, in questo momento della mia vita, mi suggerisci di essere più Trasgressivo/a, SI o NO?;
Più Istituzionale, SI o NO?"

In base a ciò che vi ha risposto affermativamente, chiedetegli in quale dei quattro punti vi suggerisce di esserlo (*Istituzionale o trasgressivo*):

1) Famiglia d'origine;

2) Rapp. Sentimentali/Affettivi;

3) Rapp. Sessuali;

4) Autorealizzazione.

Altresì, potete chiedergli, eventualmente, il motivo per cui non riuscite ad esserlo.

Provate in questo modo:

    a. Procedi con:

        1) Sensibilizzazione **Metafisica**:

        2) **Calibrazione** (*come nel capitolo precedente, se non l'hai già fatto*).

    b. Perciò, mettendoti in posizione classica (*fig 1*) con gli occhi chiusi e gambe leggermente divaricate, inizia con:

---

1. *"caro inconscio, in questo momento della mia vita, mi suggerisci di essere più trasgressivo/istituzionale, SI o NO?"*;

2. *"caro inconscio, in quale dei 4 punti che elencherò dovrei Trasgredire (o essere più Istituzionale)? Nel primo punto, famiglia d'origine, SI o NO?*

Nel secondo punto, rapp. Sentimentali e affettivi, SI o NO?" e così via fino al IV punto….

3. *"caro inconscio, a causa di quale complesso non riesco a trasgredire: sensi di colpa SI o NO?*

Paura dell'abbandono affettivo, SI o NO?

4. *caro inconscio, a causa di quale complesso non riesco ad essere Istituzionale: disistima in me stesso, SI o NO?*

Timore del Giudizio degli Altri, SI o NO?

TABELLA D'INDAGINE

RISULTATO	PUNTO D'APPLICAZIONE	CAUSA
Trasgressivo	Famiglia d'Origine	Sensi di Colpa
o	Sentimentali Affettivi	Paura Abbandono Aff.vo
Istituzionale	Sessuali-Passionali	Timore del Giudizio
	Autorealizzazione	Disistima

A questo punto hai scoperto se sei in fase **Trasgressiva o Istituzionale**, se promuovere l'una o l'altra, in quale punto promuoverla e la causa (*complesso*) che non ti permette di promuoverla.

Ora sta a te, in base alle tue esigenze di vita, riuscire finalmente a prendere, o meno, le distanze da una famiglia pedante o troppo assente. Proporti più trasgressivo o istituzionale rompendo finalmente quegli schemi che non ti hanno permesso ti trovare il partner ideale. Infuocare o meno quel rapporto di coppia che si sta sessualmente spegnendo o trasformando in altro. Riuscirai finalmente a cambiare quel lavoro che non ti soddisfava o, magari, troverai quella motivazione per tenerlo stretto producendo di più.

Lo schema che segue descrive le caratteristiche generali che fanno parte dell'individuo, in base a se risulta di **Induzione** Braccio **destro** o **sinistro** nella sensibilizzazione **Metafisica**:

DESTRO	SINISTRO
Predilige la Ragione	Predilige le Emozioni
Prevalentemente Istituzionale	Prevalentemente Trasgressivo
Conflitto con sé stesso	Conflitto con gli altri
Realista-Concreto-Affidabile	Idealista-Sognatore-Inaffidabile
Soffre di Risentimenti	Ha Sentimenti Repressi
Ha difficoltà a scegliere	Ha difficoltà a conquistare
Tendenza a Reagire ai torti subiti	Non reagisce ai torti subiti
Calmo-Serio-Ascoltatore	Agitato-Ironico-Prolisso
Problema di Libertà Frustrata	Problema di Sogno Frustrato
Si aggancia con l'illusione di solide certezze	Si aggancia a sogni/desideri irrealizzati
MESSAGGIO	**MESSAGGIO**
Affidati al tuo Maestro, al senso reale e mai alle parole, da buon realista affidabile hai decisamente i piedi per terra e una mente responsabile: sei preciso, riservato ed esigente. La tua qualità più importante è l'affidabilità e compi ogni genere di sforzo per mantenere le promesse date. Il realista affidabile è per lo più calmo, serio e buon ascoltatore. I tuoi punti di forza sono l'accuratezza, un marcato senso della giustizia, una tenacia al confine con la pura testardaggine, un approccio pragmatico, vigoroso e determinato verso il mondo. Da buon realista, ora, senza perdere tempo in chiacchiere esci dalla paura della scelta, ti garantisco, eviterai la sanzione ingiusta e raggiungerai il tuo scopo.	*Affidati al tuo Maestro, al tuo sogno, abbandonati alle fantasticherie e alle illusioni. Essere Idealisti significa saper andare oltre ogni realtà. Vivere la domenica come il sabato, vivere di fantasia, aspettare senza ansia, sorridere senza motivo, seguire con lo sguardo il volo di un moscerino, cambiare il proprio mondo, guarire perché lo si desidera, amare i colori, emozionarsi quando piove, perdersi alla ricerca del Bianconiglio, incastrarsi nel sorriso di chi si ama, costruire castelli in aria e in acqua e chiedere "perché?", chiedersi "perché no?". Essere Idealisti vuol dire diventare maturi senza trasformarsi in adulti. Tutti sognano ma solo alcuni sono Sognatori. Tu attraversi lo specchio, tu sei speciale.*

©Stefano Benemeglio

Come puoi dedurre la differenza sostanziale tra i due soggetti è quella di una marcata propensione al **Realismo** o all'**Idealismo**.

Risultare l'uno o l'altro è sinonimo di una evoluzione, o meglio, commutazione avvenuta ad una certa età che li vedeva, prima che avvenisse la commutazione in seguito ad una esperienza vissuta a suo tempo, con caratteristiche inverse.

Mi spiego meglio: *"chi oggi risulta Idealista (con induzione braccio sinistro) era Realista fino ad una certa età, età in cui accadde un evento nella sua vita che lo ha costretto a commutare per evitare di commettere lo stesso errore"*.

Perciò ti sfido ad applicare la formula che segue, al fine di individuare l'anno esatto in cui avvenne la commutazione. Prendi in esame anno più anno meno.

Esempio: *Idealista 40 anni (età attuale) : 2 = 20*

a) 20 anni (anno più anno meno) = evento di commutazione da Realista ad Idealista

Poi: 20 (età commutazione) + 40 (età attuale) = 60

b) 60 : 2 = 30 evento significativo di caratteristica attuale Idealista.

Considerato che a questo punto hai appreso le basi della comunicazione con il tuo inconscio, chiedigli la verifica del risultato emerso, cioè l'anno esatto in cui avvenne sia la Commutazione che il Rafforzo.

Ciò fatto non crederai che io ti lasci a *"bocca asciutta"*, perciò puoi chiedere al tuo inconscio chi fu il **Testimone**, cioè quel soggetto che ti ha procurato il "**torto**" in seguito al quale hai *Commutato* (***punto a*** *dell'esempio sopra*) oppure hai *Rafforzato* la tua caratteristica di oggi (***punto b*** *dell'esempio sopra*).

IMPORTANTE: *di norma il Testimone sarà di sesso omologo al tuo se il tuo braccio Induttore è risultato il destro. Al contrario, sarà di sesso eterologo.*

Segui lo schema sotto in base a se risulti Idealista (braccio induttore sinistro) o Realista (braccio induttore destro) per la ricerca del **Testimone** causa.

IDEALISTA BRACCIO SINISTRO	
INDIVIDUAZIONE COMMUTAZIONE	SPECIFICHE
*"Caro Inconscio, nell'anno risultato oggetto di commutazione, chi fu il Testimone che **ho giustificato**, fu un soggetto Maschile? Femminile?"*	Genitore (*madre, padre*), Familiare (*fratelli, nonni, zii, cugini, figli*), Partner, Amico, conoscente, insegnante, amante o ex del tuo partner ecc…

INDIVIDUAZIONE RAFFORZO	SPECIFICHE
*"Caro Inconscio, nell'anno risultato oggetto di Rafforzo, chi fu il Testimone che **ho giustificato**, fu un soggetto Maschile? Femminile?"*	Genitore (*madre, padre*), Familiare (*fratelli, nonni, zii, cugini, figli*), Partner, Amico, conoscente, insegnante, amante o ex del tuo partner ecc…

REALISTA BRACCIO DESTRO	
INDIVIDUAZIONE COMMUTAZIONE	SPECIFICHE
*"Caro Inconscio, nell'anno risultato oggetto di commutazione, chi fu il Testimone che **NON ho giustificato**, fu un soggetto Maschile? Femminile?"*	Genitore (*madre, padre*), Familiare (*fratelli, nonni, zii, cugini, figli*), Partner, Amico, conoscente, insegnante, amante o ex del tuo partner ecc…

INDIVIDUAZIONE RAFFORZO	SPECIFICHE
*"Caro Inconscio, nell'anno risultato oggetto di Rafforzo, chi fu il Testimone che **NON ho giustificato**, fu un soggetto Maschile? Femminile?"*	Genitore (*madre, padre*), Familiare (*fratelli, nonni, zii, cugini, figli*), Partner, Amico, conoscente, insegnante, amante o ex del tuo partner ecc…

Incredibile vero? In questo modo hai evidenziato in maniera Logica, con l'aiuto del tuo Inconscio, quei momenti della tua vita che sono stati decisivi al tuo cambio di rotta, o modo di vivere la vita, nonché il Testimone che ti ha indotto a tale scelta e per quale motivo.

Perciò stai realizzando consapevolezza, hai sicuramente *"scagionato"* alcuni soggetti significativi ai quali attribuivi la *"causa"* focalizzando l'attenzione su altri, così come gli eventi stessi.

Sicuramente il tuo inconscio ti ha evidenziato degli eventi decisivi, matrimonio, nascita del figlio, laurea, scelta autorealizzativa, separazione, divorzio ecc..

CAPITOLO 1.7

I QUATTRO PUNTI DISTONICI
Dove è necessario migliorare?

Riprendendo quanto già detto nei capitoli precedenti: i quattro punti fondamentali per la buona gestione delle nostre efficienze o, al contrario, inefficienze, sono la corretta gestione dei:

---

1) *Rapporti con la famiglia d'origine e acquisita;*
2) *Rapporti sentimentali e affettivi;*
3) *Rapporti sessuali e passionali;*
4) *Rapporti Autorealizzativi, hobby e lavoro.*

Proprio su questi quattro punti ogni individuo confronta quotidianamente le sue capacità, la corretta gestione ti darà soddisfazione, al contrario subirà dei blocchi e/o attriti.

Voglio precisare che il termine – corretta gestione – sul primo punto famiglia d'origine e/o acquisita, ad esempio, non significa ottemperare e sottostare alle richieste dei componenti familiari bensì adottare una corretta gestione che tenda ad evitare di essere fagocitati in situazioni non urgenti. Significa essere disponibili in casi inderogabili ma significa spesso dispensare dei NO.

Perciò caro lettore sappi che un tuo eventuale senso di insoddisfazione generale è dato dal fatto che in uno, due o tutti e quattro i punti qui sopra risulti difettoso.

Significa che stai gestendo quel punto in maniera errata, stai sprecando troppe energie con l'utilizzo di *"mille chiacchiere e interminabili tarantelle"* (*F. Barone, Babba 2011*).

Per meglio farti comprendere ciò che sino a questo punto hai sperimentato e appreso, riporto degli esempi paradossali sulla gestione dei quattro punti.

Esempio: *un soggetto che ha quasi sempre promosso il Grillo, a causa delle minacce dei sensi di colpa e dell'abbandono, sarà un quarantenne sposato, con figli, dedito alla sua famiglia, madre o padre sofferente ai quali non sottrae né sé stesso né la moglie né i figli. Fissato con le regole, dedito alla moglie, agli amici, è coerente, puntuale, sessualmente ordinario e noioso (*ricordate Furio e Magda del film di C. Verdone*) magari ricoprirà un ruolo o lavoro Istituzionale. Questi soggetti è molto probabile che sviluppino paranoie, psicosi, fobie sino a quando, trovato il simbolo trasgressivo* (una donna trasgressiva), *lasciano tutto creando un vero e proprio caos attorno a loro,* (ricordate l'ex Governatore del Lazio P. Marrazzo, finito a drogarsi e trovato nel letto con trans?).

Così come un soggetto Trasgressivo, con Lucignolo dalla sua parte, è un individuo all'apparenza libero (free), *da tempo ha già abbandonato i suoi genitori con i quali è ancora arrabbiato o magari non gli parla, ha spesso partner differenti e per brevi periodi, cambia sempre lavoro ed è sessualmente esuberante. Incoerente con sé stesso e gli altri, inaffidabile, ha lo sprezzo del pericolo nel sangue, qualsiasi cosa accada è sempre per colpa degli altri. Non sopporta l'idea di avere dei figli, se proprio deve predilige occuparsi di quelli degli altri* (spesso del partner del momento), *i legami di sangue lo spaventano* (in questo almeno è coerente).

Ma scopri cosa ne pensa di te il tuo inconscio:

Premetto che in ordine di importanza il punto "famiglia d'origine" risulta essere quello più delicato/significativo che se non risolto, ergo mal gestito, produce disturbi dell'emotività e/o del comportamento.

    a. Procedi con la:
       1) Sensibilizzazione **Metafisica** o **Simbolica**;
       2) Calibrazione (*come nel capitolo precedente, se non l'hai già fatto*).

Perciò, mettendoti in posizione classica (*fig 1*) con gli occhi chiusi e gambe leggermente divaricate, inizia con:

> *"caro inconscio in questo momento della mia vita, sei soddisfatto di come sto gestendo i 4 punti, SI o NO?".*

Nel caso in cui risponda di NO, chiedete in dettaglio:

> *"caro inconscio, sei soddisfatto di come sto gestendo il primo punto, Rapp. Fam. d'origine, SI o NO?"*...e così via per tutti gli altri punti.

Individuato/i i/il punti/o secondo cui il tuo inconscio dichiara di non essere soddisfatto, chiedigli a quale (*nel caso di più punti carenti*) dare priorità, quello che ritiene sia più importante da risolvere-appagare sin da subito:

> *"caro inconscio, quale di questi ritieni debba essere risolto subito, il primo punto SI o NO?*
> *Il secondo, SI o NO?* "...e così per tutti gli altri eventuali punti.

Individuato il punto che vi suggerisce di risolvere, continua per scoprire a quale sigillo/complesso attribuire la **causa** della **cattiva gestione** di quel punto:

> *"caro inconscio, quale dei complessi, che elencherò, ritieni essere la causa della cattiva gestione del punto* (ripetere il punto risultato inefficiente)*:*
> *i sensi di colpa, SI o NO?*
> *La paura dell'abbandono, SI o NO?*
> *La disistima, SI o NO?*
> *Il timore del giudizio, SI o NO?.*

A questo punto a prescindere da ciò che già logicamente avevi intuito, il tuo inconscio ti ha chiarito le idee.

Di fatto ti posso assicurare che la visione che avrai dei tuoi e altrui comportamenti, da oggi in poi, non sarà la stessa di prima che tu leggessi questo libro-manuale.

Intanto hai appreso la base per comunicare con la parte più importante di te, il tuo inconscio, la tua essenza, la tua intelligenza emotiva.

D'ora in poi puoi sbizzarrirti come meglio credi ponendogli quelle domande che potrebbero dare una svolta alla tua vita decisionale.

Puoi spaziare dai temi più banali a quelli più delicati, provaci!

Tanto, male che vada, agirai sempre secondo logica.

Ti invito a produrre esperimenti chiedendo ausilio ai tuoi amici e parenti, rimarranno strabiliati ed entusiasti di te.

Sono certo che, col tempo, ti sentirai meno manipolato e più consapevole dei tuoi comportamenti.

Qui di seguito riporto lo schema che ti permetterà di comprendere ancora meglio le dinamiche operative:

SCHEMA CAUSA - EVENTO

A	B		C
Punto Distonico	**Complesso/Ricatto**		**Evento**
	Grillo	*Lucignolo*	
1) Rapp. Fam.Origine 2) Rapp. Sent. Aff.vi 3) Rapp. Sessuali 4) Autorealizzazione	1)Sensi di Colpa 2)Abbandono	3) Disistima 4)Timore Giudizio	Età individuo

Se "*soffri*" e non sai per quale motivo oppure dai la causa della tua sofferenza ad eventi o punti non corretti vai in "*loop*". Cioè il problema rimane e impieghi le tue risorse inutilmente in modalità ridondante.

Così come se lanci un programma sul tuo pc e lo stesso non si apre poiché non trova i file eseguibili.

Nel contempo il tuo Inconscio ripesca dal suo *"hard disk"* le fonti stimolo emozionali, te li fa rivivere e tu non te ne accorgi.

Riassumendo, se non ti senti felice o appagato è perché in uno dei punti **A** risiede un blocco che non ti permette di gestire al meglio quel punto.

Quel blocco, in quel punto (*o più di uno*), è causato da uno o più complessi descritti in **B**.

Il complesso (**B**) causa del blocco (**A**) fu generato da un evento (**C**) quando avevi **X** anni.

A dire il vero **B** è stato generato da un evento definito **Antefatto**, cioè il primo evento che ti ha innestato quel "**tarlo**" del complesso **B**.

Potrai notare, andando avanti con la ricerca, che sono accaduti più eventi che ti hanno visto "**celebrare**" lo stesso complesso, per "**coazione a ripetere**".

Perciò, qui di seguito, farò un esempio al fine di individuare **A+B+C**.

IMPORTANTE: procedi sempre con la sensibilizzazione, Simbolica o Metafisica, anche se col passare del tempo e con la pratica potrai evitarla in quanto, si spera, il tuo inconscio inizierà a fidarsi di te. Negli esempi che seguiranno dovrai, ovviamente, elencare tutti i punti al fine di individuare il tuo blocco-complesso-evento.

Esempio: mettiamo il caso che il mio inconscio mi ha riportato un blocco in **A2** (*Rapp.Sent.Aff.vi*) in questo modo:

"caro inconscio, sei soddisfatto di come sto gestendo i rapp.sent.aff.vi della mia vita? SI o NO?"….mi risponde di NO!

La successiva domanda che gli porrò, sarà per individuarne la causa, mettiamo che risulterà essere **B3**, cioè la disistima.

> *"caro inconscio, quale dei complessi che elencherò è la causa del blocco nei rapp.sent.aff.vi, la disistima, SI o NO?"*...mi risponde di SI.

A questo punto procediamo ad individuare **C**, cioè l'antefatto: *quell'evento che se non fosse accaduto, oggi, non sarebbe presente in te il complesso* **B**.

Ciò servirà all'inconscio come fonte/stimolo emozionale, mentre alla tua logica servirà per individuare correttamente quel *"container"* che pompa carburante. La differenza è che in questo modo è la tua istanza logica che offre il cibo corretto all'inconscio: ricordate il Bambino capriccioso?

<u>Individuiamo C, portando come esempio che accadde quando avevi 7 anni:</u>

> *"caro inconscio, quando accadde quell'evento che se non si fosse verificato, oggi, non sarebbe presente in me il complesso della disistima?:*
>
> *Accadde quando avevo meno di 20 anni, SI o NO?"*...*SI (risposta dell'inconscio):*
>
> ...*"avevo meno di 10 anni?"*...*SI (risposta dell'inconscio):*
>
> ...*"avevo meno di 5 anni?"*...*NO (risposta dell'inconscio):*
>
> ...*"avevo fra 5 e 10 anni?*...*SI (risposta dell'inconscio):*
>
> ...*"avevo esattamente: 5 anni"*...*NO (risposta dell'inconscio):*
>
> ...*"6 anni?"*...*NO (risposta dell'inconscio):*
>
> ...*"7 anni?"*...*SI (risposta dell'inconscio).*

A questo punto, a meno che non ricordate esattamente il fatto, idagate chiedendo in quale stagione dell'anno accadde, quale mese, quale giorno, se mattina, pomeriggio, sera o notte ecc...

In quale luogo vi trovavate: città, paese, in casa, all'aperto, in macchina, scuola ecc...

Con chi vi trovavate in relazione, cioè da chi avete ricevuto il *"torto"*: genitori (*papà o mamma*), fratelli, parenti, amici, insegnante ecc…

Ogni evento causa del complesso **B** ha visto ricevere un torto, cioè un offesa all'esigenza. Non fu corrisposta così come desideravi ed hai **Reagito** (*non giustificato*) o **non Reagito** (*hai giustificato*) al torto ricevuto da quel soggetto.

La tua reazione, o non reazione, è avvenuta o meno a prescindere se tu stesso avevi torto o ragione.

Reagire significa **Trasgredire** *(non giustificare)*, cioè **Lucignolo** ti ha spinto a farlo.

Al contrario la non reazione è dettata dal **Grillo** che ti minaccia con eventuale sanzione (*multa*) nel caso in cui non *"taci ad ammonimento di persona significativa"*: genitori, nonni, zii, insegnanti, il bullo di scuola ecc…

In realtà ti accorgerai che tendenzialmente sia tu stesso che conoscenti, a prescindere dal torto o ragione, reagiscono o non reagiscono in ogni situazione quando invece era il caso di adottare la scelta opposta.

(rileggi: **CAPITOLO 1.5 - LA TRASGRESSIONE -** *Regole e Violazioni, Lucignolo e il Grillo nella tua testa*).

Ciò fatto, avrai già individuato e compreso la causa, il blocco e il colpevole.

Questo sarà sufficiente a diminuire l'influsso bloccante di quel complesso **B** sul punto **C**.

Per meglio indagare e comprendere ciò che accadde, cioè a quale ricatto fosti sottoposto e sei hai ceduto o meno al ricatto che hai potuto superare, riporto uno schema che chiarirà le fasi per età.

Rileggi il **CAPITOLO 1.2 – prima parte - IL CONDIZIONAMENTO** **-** *I ricatti Manipolatori e Ipnotici:*

Età	Conflitto-Complesso	Pensiero
0 - 6 circa	Natività – Rifiuto	-Non sarei dovuto/a nascere; -Non mi vogliono; -Sarei dovuto/a nascere di altro sesso; -Sono difettoso/a.
7 - 11 circa	Comparazione Fallimentare-Vergogna	-E' più bravo/a di me; -Che figuraccia; -Sono brutto/a, grasso/a, ho gli occhiali; -Sono incapace e non merito; -Sono un secchione
da 12 in poi	Accettazione - Condizionamento	-Se non lo faccio non sarò dei loro; -Se non miglioro mi escludono; -Se non mi adeguo....; -Sono diverso/a perciò....

CONCLUSIONI

Caro lettore ti domando, ciò che hai appena sperimentato non è forse quel *"Conosci te Stesso"* che tanto hanno esortato a fare: *Socrate, Promètèo, Platone, Sant'Agostino*?

Conoscere sé stesso, i propri limiti, non è forse svelare la verità che *"ci renderà liberi"*?

Quel Fanciullino di *Pascoli*, non è forse il nostro **Bambino Interiore**?

Partendo da sé stessi grazie all'ausilio di una comunicazione efficace con il vostro massimo interlocutore, l' inconscio, eviterete sempre spiacevoli inconvenienti.

Anziché arrogarci il diritto di perseguire i nostri sogni in piena libertà e in pace con la coscienza, ci imponiamo il dovere di perseguire gli incubi spinti dal condizionamento al fine di celebrare quei complessi frutto di frustrazioni passate.

RICORDA che: esistono fra noi i *"vampiri energetici"*.

Sono quei soggetti che abilmente sfruttano, più o meno consapevolmente, i complessi condizionanti che albergano in ognuno di noi.

Ipnoticamente vi pilotano attraverso il ricatto emotivo dei:

1) *Sensi di colpa;*
2) *Timore dell'abbandono;*
3) *Disistima;*
4) *Timore del giudizio negativo.*

Questi Vampiri vi fanno percepire, spesso velatamente, che le loro richieste se non soddisfatte andranno a colpirvi su alcuni dei punti sopra elencati.

Nel momento in cui iniziate un percorso di **deipnotizzazione** e decompressione di quei complessi tramite ristrutturazione personale, iniziate ad accorgervi che così come vi è accaduto di innamorarvi di qualcuno e gli altri vi urlavano di essere *"impazziti"* o magari di non riconoscervi più (*tranne chi vi ama davvero*), così accade che pian piano quei "*vampiri*" se la diano a gambe levate in cerca di altre prede da vampirizzare...poiché voi "*non ci cascate più*".

L'atto manipolativo più o meno cosciente, che gli altri effettuano su di noi, gioca sui quattro "*tasti*" principali elencati sopra ed espressi più volte nei capitoli, i complessi.

Concludo chiedendoti, qualora tu abbia ricevuto un dono prezioso da questa lettura, di **Condividere** questa opera tramite i canali che utilizzi. Questo mi darà la possibilità di pubblicizzare il mio scritto in rete in maniera esponenziale.

Io sono presente su Facebook, Twitter, Youtube, perciò ti chiedo di divenire l'artefice del mio successo e il solo modo è quello di condividere in rete i miei link, i miei video, iscriverti ai miei canali e fare la Recensione del libro.

Altresì resto a tua disposizione per qualsiasi chiarimento e aiuto poiché avendo tu acquistato questa opera, inviandomi mail con la ricevuta d'acquisto, hai diritto ad un incontro gratuito tramite web o presso il mio studio nonchè eventuali file di revisione, ampliamento e correzione di questa opera.

La mia mail è: info@maxpisani.it, ti aspetto.

RINGRAZIAMENTI

*A **Mamma Giovanna** e **Papà Mario** che con la loro imperfezione e immenso Amore mi hanno donato questa splendida vita.*

*Ai miei fratelli: **Piero, Elena** e **Rino** che sono stati i miei secondi modelli sociali.*

*Ai miei pochi ma importanti Amici di vita: **Samuela, Piero** e **Massimino**, che hanno saputo accogliere e gestire al mio fianco le numerose difficoltà incontrate in passato.*

*Ai miei insegnanti, tutti, l'ultimo in ordine ma primo su tutti il Prof. **Stefano Benemeglio**, senza il quale non mi sarei affacciato a questo meraviglioso mondo Analogico.*

*A **Rossella**, mia compagna di vita, madre di mio figlio, che sa essere Madre paziente, Donna attenta e Femmina rara.*

*A **Brindisi**, mia città natale, che mi accolto professionalmente dopo tanti anni.*

A Simonetta e Raffaele che con le loro competenze artistiche hanno sviluppato una nuova idea di comunicazione: la prima sconvolgendo la copertina, il secondo sviluppando le proposte.

*Ai miei **amici-clienti**, che con la loro fiducia ripostami, mi hanno permesso di praticare ciò che insegno, divulgo e finalmente ho qui scritto.*

*A **te**, che leggi, ti ringrazio specie a nome del mio inconscio che, finalmente, riconoscerà il tuo nella forma più splendente e pura che esista.*

*Al mio piccolo **Giulio Corrado**, che ha dovuto dividermi con questa magica distrazione.*

BIBLIOGRAFIA & RIFERIMENTI

-Genitori di giorno e...di notte, W. Sears, Ed. Leche League International
-Allatti ancora?, N.J.Bumgarner, Ed. Leche League International
-Smettila di reprimere tuo figlio, R.Cavallo e A.Panarese, UNO Edizioni.
-Test personalità e descrizione simbolica dell' Istituto Emotivia Dott. V. Gentili
-Compendio delle Discipline Analogiche, pubb. AIDA 2014, S.Benemeglio-A.Bertelli
-Il Cervello Emotivo, Joseph LeDoux, Ed. Baldini Castoldi 2004
-Debellare il senso di colpa, Dr. Lucio Della Seta, Ed. Marsilio Saggi 2010.

Opera revisionata e pubblicata